英語再習法

原子　智樹

JN119150

共同文化社

まえがき

　本書は，大学商学部において，教養・基礎科目受講生向けの講義名，異文化と言語ＡＢの履修を想定し，さらに高等学校時代までの復習や大学修学直後の英語系・語学系科目，また2年・3年時以降の専門的英語科目の履修に備えたものです．

　第1章は，英語基本文法の初歩を中心に振りかえります．英単語を構成する主要な4成分，綴り・発音(記号)・品詞・意味のそれぞれを解説します．この中でも品詞と意味とは，1語につき複数個あることがしばしばですし，文脈などによる判断が必要です．言語単位として小さい方から順に，音声(発音記号)の連鎖が(単)語を成しており，語の連鎖が文を構成していく様を解説します．

　第2章は，特に大学2年・3年時以降の，より専門的な英語系科目で必要とされる，より複雑な語の仕組みについて概説します．これは語形成とか，造語法などと呼ばれる英語学(英語を研究する言語学)の一部門で，基本的な要素やきまりを覚えてしまうと，多少は長めの語に出くわしても，まったく訳がわからないと感じることは，ほぼ無くなることを期待してです．その一助として，語を細かく分解した際の，いろいろな構成要素(接辞の類)を一覧表で用意しています．

　第3章は，初歩の経営・会計・商学や社会・経済などのビジネス関係用語集を，英和対訳で用意しました．さらに，財務諸表主要科目の概略図表，国・地域別ドメイン・通貨一覧や数字・単位・色名その他一覧を確認していきましょう．

4

　第4章は，ウェブ上の英文を教材に活用する授業の一例を解説しています．ウェブ上の英語ホームページを日本語訳し，レポートとして仕上げる設定で，ファイルの取り扱いから，レポート・ファイルの提出・添削などのやり取りを説明しています．

　最後に本書を出版するにあたり，株式会社共同文化社，および株式会社アイワードの関係各位には大変お世話になりました．ここに深くお礼と感謝の意を表する次第です．

2023 年 1 月　原子　智樹

目　次

スケジュール管理について

　新年度が始まります．なかでも高校生(生徒)から，大学生(学生)となったばかりの受講者のみなさんは，ともかくも，講義・授業が始まる前には「スケジュール管理」に気を配りましょう．基本的にはみなさん自身の大学生活での目標，そして今年度のやるべきこととやりたいこととのバランスを考慮しながら決めることになるでしょう．これは手書きで手帳に記してもよいでしょうし，スマホやパソコンで管理しても構いません．

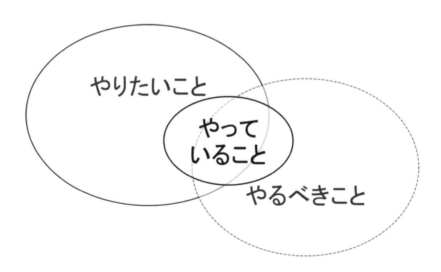

　履修した講義・授業の時間割，何らかの自習時間，アルバイト，そして食事や睡眠の時間も欠かさずに，一週間の予定表を作成するべきです．その際，講義・授業の時間割(やるべきこと)よりも，他のことがら，例えばアルバイトを優先するようなスケジュールはくれぐれも避けましょう．「優先順位」を考え，それに従いスケジュールに落とし込んでいきましょう．卒業まで続けてスケジュール管理をして下さい．

用紙のサイズについて

　国内の規格では A 判と B 判との 2 種類があり，ともに右側に数字が付されますが，その数字は 0 から 10 までです．いずれもその数字がおおもとの A0 と B0 とを，半分に小さくしていった回数を表します．ですから，数字が大きいほど，紙のサイズは小さくなります．

　よく使うサイズを知っていれば，例えば使う頻度の高い A4(210 mm×297 mm) と B5(182 mm×257 mm) とがわかれば，その紙サイズを半分や，逆に倍にするだけで，他の紙サイズも思い浮かべやすくなるでしょう．

　海外では，レターサイズとリーガルサイズとが一般的で，レターサイズは 8.5×11(インチ(inch)) = 215.9 mm×279.4 mm であり，リーガルサイズは 8.5×14(インチ) = 215.9 mm×355.6 mm です．

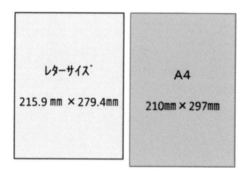

　この中で，よく似た A4 とレターサイズとを比べてみると，微妙なサイズの違いがわかるでしょうか．

　このように世界のなかで必要な用紙サイズと作成フォーマットを選ぶ必要があります．といいますのは，パソコンで例えば A4 で作成した文書などを海外基準のフォーマットであるレターサイズで展開しますと，入力内容が型崩れしやすいなどの問題が生じやすくなるわけです．

　状況に応じた書式・フォーマット選びができるように練習しましょう．

資料整理の方法について

　新しいセメスターの講義・授業が始まってから，みなさんはたくさんの紙媒体の資料を配付されているものと思います．それらは一枚一枚のシート状のものやそれを何枚もホチキスなどで束ねたもの，そしてすでにパンフレットのように製本されたものなどさまざまでしょう．

　ふつうは A4 サイズで配布されることが多いとしますと，一目見て識別できるためにも表を向けて折らずにファイルに収納するのがよいはずです．

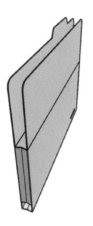
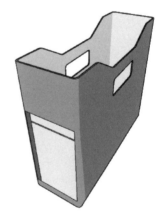

　ファイルも種類がさまざまですので，プラスチック製のもの，紙製のもの，それぞれが多種多様な商品を目にすることができるでしょう．

　手っ取り早いのは，プラスチック製のクリアファイルです．それでもひと期間のセメスター，つまり4ヶ月に渡り，いくつもの講義・授業の配布物を，一枚のクリアファイルに納めようとすると，次第にふくらみはみ出して，結局整理することとは真逆になってしまいます．

　クリアファイルをつかうなら，講義・授業ごとや，曜日ごとに一枚は用意しましょう．一冊のファイルの中がいくつもの区分に分かれているものを使うと，すべての講義・授業の配付物を収納するのにも便利かもしれません．

　さらに持ち運ぶカバン類も，A4サイズがしっかり収まるものでなければならないでしょう．

　加えて事後の整理方法ですが，増えてきた資料を，配付された順番や内容の種類・関連によって探しやすいようにしておくことです．

　複数枚のシート状の資料をひとまとめにするにしても，いろいろな道具，文具があります．金属製，プラスチック製や紙製のクリップ類，また付箋類，それに普通の紙を「貼ってはがせるようにするのり」も便利でしょう．

　配付された資料には，自分で日付やページ番号をつけておくと本当にわかりやすくなります．

　ここで別の視点からも考えてみる必要があります．そうです，コンピュータ・ファイルといかに共存・並列化させて見やすい資料としていくかという点です．

　紙媒体資料と，コンピュータ・ファイル＝電子ファイルとの有無をパターン化して，全体の資料整理方法をまとめる必要があるでしょう．例えば，

・電子ファイルをすべて印刷した上で，紙媒体での配布資料と併せて整理し直す．

・逆に紙媒体資料をコンピュータ接続可能なスキャナやカメラ類で電子化して，コンピュータ・ファイルベースで資料管理する．あるいは，

・紙媒体資料と電子ファイルとは別々に管理し，互いに照合できるように，何らかの符号を用いるというような，自分でわかる仕組みをみつけて運用する．

　これらの方法が考えられます．自分に向いた方法は人それぞれですので，皆さんで試行錯誤し早めに決めて整理を始めましょう．ゆっくりしすぎると，あとでおっくうになってしまうでしょうから．

　以上のことを積み重ねていけば，レポートやテストの時も，あわて
たり困ったりはせずに，じっくり頭の中を整理していく余裕が必ずで
きるでしょう．

　このことは卒業後の仕事の勤務にも大いに役立ちます．多くの場
合，在学時以上の大量・多種の資料整理が必要とされるはずです．こ
のようなことはいきなりやろうとしてもなかなか難しいでしょうし，
習慣化するにまさるものはありません．

コピー機の使い方について

　コピー機はいくつかの機能を持つオフィス機器です．一般的なコピー機または複合機には，「コピー」，「プリンター」，「**FAX**」，「スキャン」の 4 つの機能があります．学内のコピー機は B1F の MET-Coop で入手できるコピーカードで使えます．各機能について簡単に説明しますと，まず**コピー機能**を利用して，すでに文書となった紙の原稿から他の用紙に何枚も複製をとることができます．このためコピー機のことを複写機ともいいます．倍率を変更して原稿とはサイズの違うコピーをしたり，複数の原稿を 1 ページ分にまとめるコピーもできます．

コピー機能の基本的な操作方法

　上面のふたを開けますと，ガラス面が見えます．そのガラス面で原稿を光学スキャンして読み取ります．原稿のコピーしたい面を下にして，つまり裏返しにしてガラス面に配置します．多くの場合，白色系のプラスチック部分に刻まれ型どられた「三角形」(△)の目印がある角が「原点」です．これのある角に紙原稿の角をきっちりと合わせ，静かにふたを閉じましょう．倍率や用紙サイズを設定し，コピーしたい用紙サイズと部数とを操作パネルの数字キーで入力しましょう．その後の設定が終わり，コピー機のスタートボタンを押すと，コピーが開始されます．コピーミスをしても，練習になりますので気にしてはいけません．

　コピー後の原稿は忘れずに取りましょう．コピーをとり終えると安心してしまい原稿を持っていくのを忘れて，そのままにしてしまうことがあります．取り忘れで問題なのがいろいろなセキュリティ面です．原稿の内容によっては，さまざまな個人情報などが記載されていたりすることでしょう．また次に使おうとする人がこちらの原稿をみつけたら，原稿の持ち主探しをする羽目になるかも知れません．迷惑をかけてしまうことになるでしょうし，もし次の使用者に作成途中の原稿内容を指摘されて，たいへん恥ずかしい思いをすることになってしまいかねません！

　2つ目の**プリンタ機能**はパソコンで作成した文書等をデータで送り，指定した用紙に印刷(プリントアウト)できます．**ファックス機能**は電話回線経由で別のファックスまで画像を送信し，受信側でそれを

印刷できる機能です．受信画像を印刷せず事前に液晶画面で確認できる機種もあります．**スキャン機能**は紙の書類をファイルとしてテータ化してコンピュータ(パソコンなど)に保存し，デジタル化できる機能です．

教員へのメール連絡について　一例

　講義・授業に関してなど，教員への大学アカウントEメール(学内連絡では大学アカウントのGmailのみを使いましょう)での連絡が必要になった際には，例えば以下のような文面とすれば，受信した教員側もより迅速に対応できるはずです．必要に応じ文面を直しましょう．

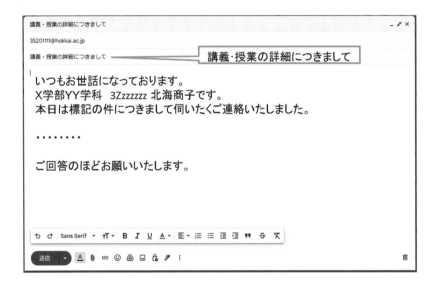

　教員からの回答に対して，「ありがとうございました．」などのように，簡単に返信をしておくのもよいでしょう．

教務連携システムについて

　1号館2階国道側窓に沿って「教務連携システム」の機器が並んでいます．これにログインしますと，「教務システム」の所定の内容を閲覧できます．

　下図［試験結果照会］の1～5の欄には暫定の，または個別の成績結果が表示されたりするでしょう．この欄を使用するか否かは講義によって違いますので，その都度「教務連携システム」にログインして確認してみましょう．

氏名	1	2	3	4	5
北海 商子					

受講時の視力について

　本学の建物の設計上細長い教室も多くあります．後ろの席に座る
と，スクリーンや黒板・ホワイトボードまでかなりの距離を感じま
す．黒板の文字を教室のどの席からでも読み取るには <u>1.0 以上の両眼
視力</u> が必要とされますので，特に対面受講前にみなさんの視力をおの
おので再確認しておいてください．

　授業時の大事な記録を上手にとりきれなかったことで，多くの科目
が不本意な結果に終わることになってはたいへんです．

　視力の低下にうっかり気付かずにいると，セメスターの終わり頃に
は思わしくない成績結果にさまざまな後悔が押し寄せることにもなり
かねませんので，どうか注意してください．

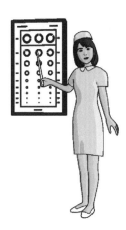

1

第1章

英和辞典調べと日本語訳手順

1 はじめに

　本章の目的は，各種英語検定やそれに類する試験に備える目的も含め，初歩の文法・語彙について再確認することです．

2 文を語に，語を形態素に，形態素を音素に

　まず単語を構成する各成分，綴り・発音・品詞・意味に展開しながら，(単)語の連鎖である文へと拡張していく様子を解説していきます[1].

　その文に至るまでにも，語の組み合わせで熟語(イディオム)をつくったり，特定の語同士が比較的結びつきやすいコロケーション(連語関係)の表現は，ごく当たり前に多いのです．

　ここで，発音・綴り → 語・品詞・意味 → 主語(S)／述語(V)→ 文の意味，という層を成す具体例として(1)の英文をあげますと[2],

(1) I have given Jack your e-mail address so that he can contact you to set up a meeting.

先頭の I から，最後の meeting まで 18 語が連なっていることがわかるでしょう[3].

---

[1] 以下は「単語」という通称を避け，正式に「語」と表記します．
[2] 語への導入説明ですので，以下では原則，強弱アクセントとイントネーションとの説明を省くことにします．
[3] 出典の明示のない用例は(電子版を含む)各種辞典・辞書からの引用か，個人間の E

では，この文はどのようにできているのでしょうか．主語(S)は I
であり，述語(V)は have given であり，その目的語は 2 つで him と e-
mail address とです．… so that〜や set up は熟語(イディオム)，ある
いはコロケーションといえますので，それぞれ文中での働きがわかり
ます．この文は語が英語の配列規則である文法に従い連なっているわ
けです．

では個々の語にも規則による枠付けがあるのでしょうか．語の場
合，品詞が大きな役割を果たしています．実際は全部で 4 つ，**綴り・
品詞・発音・意味**の各属性を考えることができます．例えば meeting
では，綴りのアルファベットが 7 文字の名詞であり，学習用英和辞典
の発音記号では［míːtiŋ］のように表記され，またコンピュータ上で使
用する電子版英和辞典には，さまざまな媒体・機器を介したものがあ
り，英語のネイティブ・スピーカーが実際に発話した録音を，電子的
かつ半永久的に繰り返し聞くこともできます．そして meeting の意味
は，同じく学習用英和辞典によっては 5 つに区分されているものがあ
ります．これらのことについて，読者の皆さんは周知のことでしょう．

さて，語はさらにどうなっているでしょうか．実は語もさらに小さ
く分けられることは知っているでしょうか．(1)の meeting は，複数
形では meetings と -s が付いた形となります．複数形をあらわす -s
は，meeting から新しい語を造るのではなく，文脈にふさわしい語形
に変える働きのみをする要素です．このような語形変化を屈折(In-
flection)と呼んでいます．

メールなど，何らかのコミュニケーションによるものです．

　同じく(1)で have given は，もし主語(S)が She であるならば，has given となり助動詞の語形が入れ替わります．またその given は過去分詞であり，give と '-en'(過去分詞を造る -ed の同類)とに分けることができます．contact のような語でさえ，con- と -tact とで分けることができるのです．このように語は分解できることが多いのです．分解した個々の要素は，ふつう形態素(morpheme)と呼んでいます[4]．それ以上分解できない give のような語も，それ自体で1つの形態素です．形態素は意味を持つ最小の単位と定義されます．例えば meeting が mee と ting とに分かれたりせず，meet と -ing とに分けることができるのは，meet「会う」と -ing「名詞を造る形態素」とを，それより細かく有意味な単位である形態素に分けることができないからです．このように，基本単位である形態素は，語の部品でありながら，語構造を細かく調べる道具でもあります．図1-1で，別の語をつくる，つまり造語する分野の派生(語形成)については，第2章で詳しくみていきましょう．

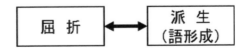

図1-1　語に関わる2つの分野

---

[4] -s や -en に付いている -(ハイフン)については第2章で述べますが，単独で孤立して文中にあらわれないことを示しています．複数形や過去分詞を作る変化語尾ということです．過去分詞を造る語尾の形態素 -ed には，'-ed'，'-en'，'ゼロ' などの変異形があります．形態素 -ed を，これらを代表する集合ととらえるのです．

　では形態素の話に戻りますが，形態素というのは分解できないのでしょうか．実は，これもさらに英語の規則に従いながら，より小さな単位からできているのです．それは音素(phoneme)という単位であり，**母音・子音・アクセント・イントネーション**の4種類に分けられます．この中から，(2)を素材にして子音についてみてみましょう．

(2)　Between September and December, millions of people go to stadiums throughout the US and watch professional football games.

例えば，(2)の September, people, professional にみる英語の [p] 音は，話し手の話し方がまちまちであることも含めて，語頭，語中，語尾にある場合では，発音のされ方も，その聞こえ方もたいてい違います．しかしふつうは，それら様々な p 音は，発音記号 [p] で表記されます．つまり，それはいろいろな発せられ方，聞こえ方をする何種類もの [p] 音を，この1つの記号で表すことにしようという，形式的・抽象的な表記であるわけです．このように，個々の具体的な発音が集まった [p] 音という集合を，音素と呼んでいます．英和辞典などにみる発音記号は，実際の発話で様々な話し方や聞こえ方をするある特定の音を，便宜上一つの記号として表すための方法です．本書は厳密な意味で音素分析には立ち入らないので，一般的な学習用英和辞典にあるようにわかりやすく，単に「発音記号」(あるいは「音」)として扱うことにします．(1)にみた meeting では発音記号 [míːtiŋ] の音の数は，[m][iː][t][i][ŋ] の5つです．仮に，その [m] 音の代わりに [b] 音・[ʧ] 音・[h] 音・[k] 音・[s] 音・ゼロを入れると，それぞれ別の

語に替わり，beating・cheating・heating・Keating・seating・eating ができます[5]．先頭の子音の交替が，語を識別する働きをしているので，この場合，子音としてあらわれている音素は，意味を区別する最小の単位であるわけです．

　一般的な学習用英和辞典で使用される発音記号がわかれば，その辞典の見出し語を発音できるようになるはずです．本書は(3)の発音記号で母音と子音を表記します[6]．

(3)　a.　母音 æ ʌ ai au ɑ ɑ: ə ə: i: i u: ʊ e ei eə ou ɔ oi ɔ:

　　　b.　子音 p b t d k g s z m n ŋ h f v l r j w ʒ ʤ ʣ ʦ ʧ ʃ θ ð

(3a)からわかるように，英語の母音数は日本語の3〜4倍あります．

　ここで，正式な方法ではありませんが，学習の便宜のために，発音記号を並べ直して示します．少なくとも言えることとして，辞書の発音記号をみて，自らおおよそ発音できるようになると便利です．

　(4)では日本語の5つの母音に近づけて分けてみましたが，正確な分類とは言えませんので，その点は留意して下さい．(5)の子音でも，日本語に似た子音としていても，全く同じとはみなさないでいて下さい．

5　Keating は人名です．また，ゼロを入れるということは，見かけ上その音を取り除くことです．eating がこれにあたります．
6　各発音記号の発音の仕方，読み方の説明は省きます．ネイティブ・スピーカーによる実際の発音は，市販の電子辞書やネット上の英和辞典サイトなどの機能で聴くことができます．

（4）母音

　　アに似た音　æ　ʌ　ai　au　ɑ　ə

　　イに似た音　iː　i

　　ウに似た音　uː　u

　　エに似た音　e　ei　eə

　　オに似た音　ɔ　ɔi　ou

（5）日本語に似た音がある子音　　日本語に似た音が無い子音

日本語に似た音がある子音		日本語に似た音が無い子音	
ブ p	ブ b	f	v
トゥ t	ドゥ d	θ	ð
ク k	グ g		l
ス s	ズ z		r
シュ ʃ	ジュ ʒ		w
チュ tʃ	ヂュ dʒ		j
ッ ts	ヅ dz		
ム m			
ン n			
ン ŋ			
ハ；フ；ホ h			

　どういうことかというと，1つ日常的に実感しそうな例を挙げてみましょう．我々が英語を話してみる場合でも，実際に自分の発音を何かのデバイスに録音して聞き直してみればすぐわかることですが，生まれながらの英語のネイティブ・スピーカーの発音とは明らかに違った英語発音になっているのがわかります．逆にこれは，日本語が堪能な外国人の日本語発音の場合にもあてはまります．それがなぜかというと，結局，発音時に英語と日本語とでは口腔，つまり口まわりや口の中の筋肉の使い方が全然違うからです．発音記号を学ぶとは，この口の筋肉の使い方を変えることを覚える必要があるということだからといえます．みなさんもその筋肉の使い方の違いを習得していくに従い，英語のネイティブ・スピーカーにより近い発音ができるようになっていくわけです．口の筋肉を日本語とは違う発音をつくろうと動かすよう意識しましょう．この英語の発音法にも便利な参考書がありますので，機会をみつけ授業で紹介していきましょう．

　さてここで(3)〜(5)に従い，(2)を語ごとに列記していきますと，(6)のようになります[7].

(6) [bitwiːn] [septembər] [ənd] [disembər] [miliənz] [əv] [piːpl] [gou] [tə]
　　[steidiəmz] [θruːaut] [ðə] [juːes] [ənd] [watʃ] [prəfeʃnəl] [futbɔːl] [geim]

これに実際の発話状況に合わせて，強弱アクセント(stress accent)やイントネーション(intonation)が重なり発音されます[8].

3　日本語訳手順

　では語を発音記号に分解する話からいったん離れて，語が文中でいかに繋がれているのかという，日本語訳手順を解説しましょう．まず，実際に日本語訳の際には，品詞を手がかりに(英単)語間のつながりを確認していきますので，英語の品詞とそれら相互の関係について知っておく必要があります．表 1-1 は英語の品詞一覧と，その本書での略記号とです．

表 1-1　英語の品詞一覧

・名詞(**n**oun)[9]	→	名	・副詞(**adv**erb)	→	副
・代名詞(**pron**oun)	→	代	・前置詞(**prep**osition)	→	前
・助動詞(**aux**iliary)	→	助	・接続詞(**conj**unction)	→	接
・動詞(**v**erb)	→	動	・間投詞(**interj**ection)	→	間
・形容詞(**adj**ective)	→	形	・冠詞(**art**icle)	→	冠[10]

---

[8]　語と形態素への導入説明ですので，(4)以降においても注 2 で述べた方針のとおり，強弱アクセントとイントネーションとの説明を原則省きます．

[9]　英語表記のゴシック体部分が，略記号としても使われます．

[10]　冠詞を形容詞に含めてしまう場合もあります．

主要な品詞の修飾関係は図 1-2 のとおりです.

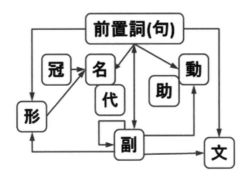

図 1-2　品詞間の修飾関係概略図

　冠詞と形容詞とは名詞を,　副詞は動詞・形容詞・他の副詞を修飾します.　前置詞は,　その後ろに続く名詞までで集団をつくり,　その集団が前置詞句と呼ばれます.　前置詞句の「句」とは,　複数の語でできているので,　語という単位よりは大きいけれども,　それと同時に,　目にみえる主語(S)と述語(V)とがそろわず,　文らしさもない語の集まりのことです.　前置詞句は,　文脈とかコロケーションに従い,　さまざまな対象を修飾します.　(代)名詞と動詞とがそれぞれ,　文の骨格である主語(S)と述語(V)とになれます.

　以下では(2)(6)を実例に,　英文の日本語訳を確認する具体例の(7)を,　初歩の文法からみていきましょう.　(2)を分解していく手順を以下の(Ⅰ)から(Ⅴ)にみてみましょう.

(7) 英文の日本語訳分解例((2)の英文自体を網かけにしています.)

(Ⅰ)ピリオド(.)や疑問符(?)ごとに文に分けますが, 接続詞(and)などで分かれていることがあります. (2)では watch の直前の and が文の切れ目の目印です.

(Ⅱ)単語調べは**綴り・発音・品詞・意味**の4つをセットで1語とみなしましょう. これまで購入した英語基本単語帳の語をすべて覚えるようにしましょう. 1つには, それらに接辞が付いて語彙を増やせます. 2つには, それらの語の持つ意味が次々と増えていくこともありますので, 綴りが同じでも新しい単語を覚えるようなものです.

例えば動 cut のいくつかの意味をあげてみると, 1の意味と2の意味とでは綴りが同じでも別の単語のようなものですし, 品詞が替わり名となれば別の単語のようなものですし, 同じく1の意味と2の意味とでは別の単語のように扱えます. 形の場合であっても同様でしょう. もちろん派生語 recut となれば, 別の単語とみなすことは異論の余地は無いでしょう. このように簡単におぼえる単語数を増やせるわけです.

cut /kʌt/ 動 1 切る　　2 掘り抜く　　3 短縮する
　　　　　 名 1 切断　　2 削減
　　　　　 形 1 切断された
recut 　　 動 を再び切る

Between　September　and　December,
[bitwiːn]　[septembər]　[ənd]　[disembər]
前　　　　 名　　　　　 接　　 名

綴りと発音の対応関係はふつう一対一であると仮定しますと[11]，次に品詞を考えてみましょう．最初の Between September and December では，between を除くと品詞が1つのみの語であり迷うことはないでしょう．between には前の他に副もあるので，文脈から判定しなければなりませんが，すぐに名 and 名が続き，Between A and B のコロケーションがあるとわかりますので，前の方となります．品詞がわかれば，その品詞の中で文脈にふさわしい意味を探しあてることになります．

millions　of　people
[miliənz]　[əv]　[piːpl]
名　　　　 前　 名
形

---

[11] 異綴りのある語は例外です．英米語間の綴り差はそれなりに見られます．

　また次の millions of では，アルファベット 7 文字の milions は複数形の名ですし，発音記号は 7 音からなり，意味はおおむね「数百万」です．of は 2 文字 2 音の前ですが，両語は句としてイディオムのように意味が合成され，おおむね「何百万の」の意味に変わり，さらにこの句の品詞は形に変わり，それゆえ，名の people を修飾するわけです．

　ここで millions of のような表現を調べる際の目安を考えてみましょう．語を単独で調べる場合は，通常の英和辞典で問題ありません．しかしながら，呼び方は大まかに言ってもいろいろありますが，熟語・イディオム・コロケーション・共起表現などの場合は，辞書を以下のように選ぶのがよいでしょう．

調べ方の違い　1　語とコロケーション

単語→通常の「英和辞典」向き　訳語が豊富
コロケーションなど→「英辞郎・WEBLIO 辞典」向き

また例えば，3 語が並んでいる語句(A B C)の場合に，以下の①〜④の 4 通りの調べ方を検討する必要があります．いずれも各語の間は半角スペースで区切る前提で，

　①　<u>A B C</u>　　②　<u>A B</u> C
　③　A <u>B C</u>　　④　<u>A</u> B <u>C</u>

①は 3 語をまとめて検索し，②ははじめの方の 2 語を，③は後ろの方

の2語を，そして④は真ん中の語を除いた2語をそれぞれ検索してみるという意味です．millions of people は②の仕方で見つかるはずです．

これらの手間をかけることで見つけにくいコロケーションも探しやすくなります．この④の事例ですが，例えば⑤のように，かりに主語(S)のあとで目的語(O)を挟んだコロケーションは，「英辞郎」・「WEBLIO 辞典」などで「dedicate to」と検索するとよいでしょう．

⑤　S dedicate O to ...

4語以上連なった語句を想定した場合は，さらに検索パターンが増えるでしょう．調べる必要があると思った他の語句も同様に調べていくと，単語調べが終わります．(2)の英文のつづきに戻ります．

go	to	stadiums	throughout	the	US	and
[gou]	[tə]	[steidiəmz]	[θruːaʊt]	[ðə]	[juːes]	[ənd]
動自	前	名	前	冠	名	接

[they]	watch	professional	football	games.
	[waʧ]	[prəfeʃnəl]	[fʊtbɔːl]	[geimz]
	動他	形	名	名
				名

(Ⅲ)次に語と語をつなげて，文として意味をつかむ仕組みに移ります．文には主語(S)と述語(V)とがあります．おおよその日本語訳で，主語(S)は「～は」・「～が」にあたるものですし，対して述語

(V)は,「〜する」・「〜である」・「〜がある［いる］」などにあたると
いえます[12]. これを図1-3 に示します.

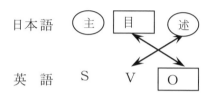

図1-3　主語(**S**)・述語(**V**)の位置関係

a. ここで初めに,述語(**V**)を探します. 述語(V)の品詞は動であ
り,文の中心です.
→(go　行き),(watch　を観戦する)

b. 次は,主語(**S**)を探します. 主語(S)の品詞は名・代であり,ま
た,名に相当する語句の場合もあります. 主語(S)はふつう述語
(V)の(直)前にあります.
→(people　人たちが),([they]は現れない)

(**Ⅳ**)目的語(**O**)があれば,特定します. 品詞は名・代であり,主語
(S)のように名に相当する語句の場合もあります. 述語(V)の動が自

---

[12] これは厳密に正しいわけではありませんが,本書では顧みません. 日本語の助詞
「は」,「が」の働きは困難な問題もあります.

動詞か他動詞かで，その後ろに続く語句の意味がわかります．

  a. 自動詞の場合に目的語は無し．

    →(**go** to stadiums)

    to stadiums などの前置詞句のみが続いています．動のコロケーションによって後続する前もだいたい決まってきます．

  b. 他動詞の場合に目的語が有ります．他動詞の場合，目的語はふつうその(直)後に現れ，日本語訳で補われる助詞は他動詞のコロケーション次第でかわります．

    →(**watch** ∼ <u>football games</u>)←(＿＿＿を，に，となど)
                        O

(Ⅴ)他の語句を探して，意味のつながりを考えながら訳していきます．例えば図 1-4 は，about a very complicated problem(非常に複雑な問題について)という前置詞句の例です．冠・前・形の(　)は，これらが必ず必要なわけではないという意味です．

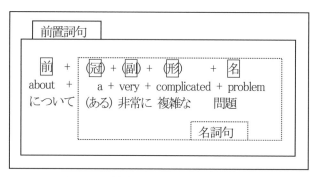

図 1-4　前置詞のコロケーション例

この前置詞句内の修飾関係は，図 1-5 のとおりです．この場合，名
（problem）は前（about）の目的語であるといったりもします．

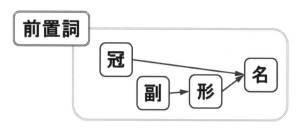

図 1-5　前置詞句内の修飾関係例

　さて補足的に以下の内容も確認します．準動詞という，動名詞・分
詞・不定詞についてです．図 1-6 は厳密な図とはいえませんが，最低
限の約束事をまとめています．

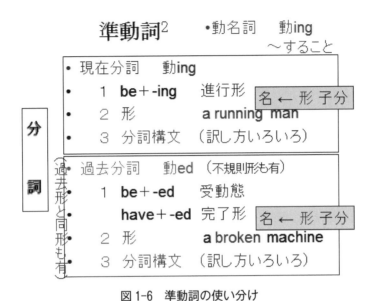

図1-6　準動詞の使い分け

　動名詞はよいとしても，分詞は少なくとも３種類の使い方があり，現在分詞と過去分詞とに分けられます．１つ目の使い方は，述語の一方をつくる動詞としてです．進行形や受動態，完了形があります．２つ目は形容詞ですが，通常の修飾関係のほかに，自らの後ろ側に，いわば子分のような付随する語句を従えて，名詞を後ろから修飾する場合があります．３つ目は分詞を先頭に置くことで一種の文もどきを構成する場合です．分詞構文と言われたりしますが，分詞の前に接続詞を補うこともあります．

　準動詞には，ほかにも不定詞があります．

不定詞　　to＋動

形　〜するための　　→(道具　　名)
副　〜するために　　→(去った　　動)
名　〜すること

通常の使い方は上記の３種類ですが，コロケーションに組み込まれている場合などは多様な役割，訳し方をします.
　また準動詞とは別に，よく見かける that にはおおむね５種類の使い分けがあります.

that の各品詞

接　　　　　　　　〜ということ　　　　続く文は完全
代　　指示代　　あれ，それ
　　　関係代　　　　　　　　　　　普通は続く文が不完全
形　　　　　　　　あの，その
副　　　　　　　　あ［そ］のように

　この初歩的文法の枠組みは，英文の日本語訳すべてに通底しています. たとえ，わからない，見たことがない語であっても，上述の基本文法さえわかっていれば，当該の語を調べますと，自然と文意に組み入れて理解できるようになるはずです.

　(7)を一続きにみられるように，以下に(8)として再掲します.

(8) 英文の日本語訳解説例

Between September and December,
前　　　名　　　　　接　名

9月から12月の間,

millions of people
名　　　　前　名
形　　　　　　$\mathbf{S}_{1,2}$

何百万もの人たちが
　　　　　　　⊕$_{1,2}$

go　to stadiums throughout the US and
動自 前 名　　　　前　　　　　　冠 名 接
$\mathbf{V}_1^{13}$

米国じゅうでスタジアムに行き,
　　　　　　　　　　　　述$_1$

[they] watch professional football games.
　　　動他　　形　　　　　　名　　　名
　　　$\mathbf{V}_2$　　　　　　　$\mathbf{O}_2$　　名

(彼らは)プロ・フットボールの試合を観戦する.
　　　　　　　　　　　　　　　　　　述$_2$

---

[13] 日英語それぞれにおいて,SとⓉとは主語(S)を,VとⒺとは述語(V)を表すことにします.また,S・Ⓣ・V・Ⓔなどの下付き数字は,対応関係を示しています.

44

それでは次に，（8）とは別の示し方で，（9）をみてみましょう．

(9) 英文の日本語訳分解例　2

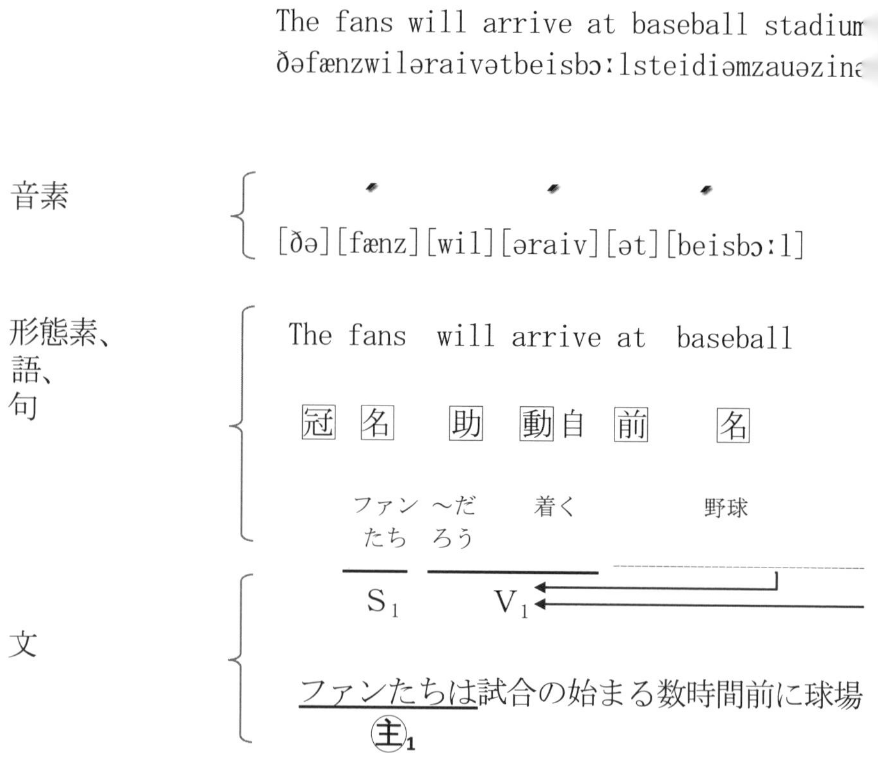

The fans will arrive at baseball stadium
ðəfænzwiləraivətbeisbɔːlsteidiəmzauəzinə

音素

[ðə][fænz][wil][əraiv][ət][beisbɔːl]

形態素、
語、
句

The fans　will arrive at　baseball

冠　名　　助　動自前　　名

ファン　～だ　　着く　　　　　野球
たち　　ろう

S₁　　　　V₁

ファンたちは試合の始まる数時間前に球場

㊦₁

図 1-7

s hours in advance of a game.

dvænsəvəgeim

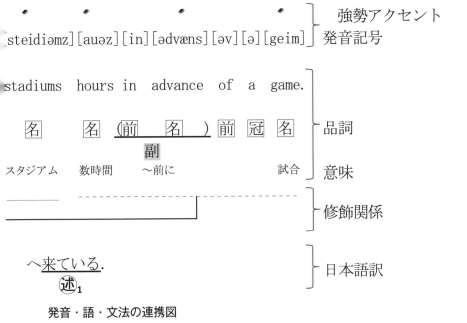

強勢アクセント

発音記号

品詞

意味

修飾関係

日本語訳

発音・語・文法の連携図

念のため(8)と同様の示し方も付記します。

[ðə] [fænz] [wil] [əraiv] [ət] [beisbɔːl] [steidiəmz]
The　fans　will　arrive　at　baseball　stadiums
冠　　名　　　助　　動自　前　名　　　　名
　　　S₁　　　　　V₁

[auəz] [in] [ədvæns] [əv] [ə] [geim]
hours　in　advance　of　a　game.
名　　（前　名　　）前　冠　名
　　　副

ファンたちは試合の始まる数時間前に球場へ来ている.
　　主₁　　　　　　　　　　　　　　　　　　述₁

　具体例は示しませんが，図 1-7 の中で上下に展開する要素間の関係を，示し方を変えてみてみますと，図 1-8 のような構成をとります.

図 1-8　言語学の各部門

　人類言語の**音声**を細かく収集・記録・記述する音声学の成果から，それらに各言語の音法則をみつけて規則化・一般化する**音韻論**によって，音声や**発音**といった対象をまとめ上げていきます．各言語に特徴的な発音が浮き彫りになっていきます．この中心は**音素**です．

　言語ごとの音法則に沿って発音あるいは音素の連鎖に**形態素**がみいだされますが，その形態素や語を扱うのが**形態論**であり，中心は**語**であるといえます．図 1-1 が示す 2 つの分野はこの形態論の中味であり，図 1-9 の通りです．

　語が連なれば**句・節・文**を構成します．これらを扱うのが**統語論**です．この段階では**述語(動詞)(V)**が中心です．

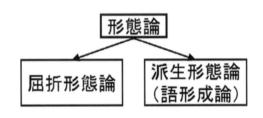

図 1-9　形態論の 2 つの分野

　さらに第 2 章につなげるため 3 つ目の英文を示しておきましょう．

（10）英文の日本語訳分解例　3

Docosahexaenoic acid is found in cold water fish, along with eicosa-
pentaenoic acid.

[dəkousəheksəi:nouik]	[æsid]	[iz]	[faund]	[in]	[kould]	[wɔ:tə]	[fiʃ]
Docosahexaenoic	acid	is	found	in	cold	water	fish,
形	名	助	動自	前	形	名	名
	S_1		V_1				

[əlɑŋ]	[wið]	[eikousəpentəi:nouik]	[æsid]
along	with	eicosapentaenoic	acid.
副	前	形	名
前			

ドコサヘキサエン酸(DHA)は，エイコサペンタエン酸と同じく冷水
　　　　　　主$_1$
魚に含まれている．
　　　　述$_1$

（9）（10）は，使用語数がほぼ同じであるにもかかわらず，その語彙の
特徴に違いがあることに気付いてもらえますでしょうか．（9）はほと
んどが見た目も短く簡単そうな語が連なっていますが，（10）はなにや
ら仰々しい長い語が2つ登場しています．
　第2章では，このような語の内部の仕組みがどのように違うのか，

つまり造語のしくみとしての語形成について考えてみましょう．

　最後に付け加えて，その語形成の知識をある程度前提としますが，

　　調べ方の違い　2　2語以上でできた語，複合語など
例として，2語でできた複合語（AB）の場合，

　　housecall　　①　AB　　②　A B　　③　A–B
　　A　B

の3通りの調べ方を念頭においておきましょう．①は綴りを一続きに，②は半角スペースを挟んで，そして③は半角ハイフンでつないで検索するという違いです．辞書によってはこれらの検索方法の違いが反映される場合があります．

　これまでに購入するなどで入手してある書籍などの基本単語帳に出ている英語の語は，なるべくほぼすべて復習して，できれば覚えてしまいましょう．というのは，1つには覚えた1つの語に，第2章でみますが，語の一部となるさまざまな接辞という要素が付くことで，自分の語彙を簡単に増やしやすい点があり，また2つには，覚えた語の2つ目以降の意味を付け加えて語彙の理解の幅を広げることができるからです．

　いかがでしたか．第2章に進む前に，ひとつ例え話をしておきたいと思います．日本のプロ野球選手のことを思い浮かべてもいろいろな属性があるでしょう．列挙しますと，

名前
年齢
背番号
所属リーグ・チーム
左打ちか右打ちか
左投げか右投げか
守備ポジション　　などなど

という具合にさまざまです．でも，選手の名前と年齢や背番号を混同
したら，訳がわからなくなってしまいますよね．ふつうはそんな混乱
するような覚え方はしないはずです．文法事項も同じで，発音には必
要な発音記号がありますし，表 1-1 にあるような品詞の種類や，図
1-1，図 1-3，図 1-4 のような修飾関係も言語ごとに決まっています
し，図 1-2 のように文法で主語・動詞(述語)・目的語などを見つける
ことは，初めからできるようになっていなければ困るわけです．いろ
いろな仕方であっても，これを混同したままでいると，ますます頭の
中で誤解が増幅していき，いつかはそれが破綻してしまうことでしょ
う．野球選手の情報に例えれば，年齢と背番号を同じものとして覚え
たり，左右の打席と守備ポジションを同じものとして扱うなどとすれ
ば，自分で思いおこしてみても，また知り合いの誰かに説明しようと
してみても混乱を深めてしまうばかりでしょう．ここら辺のことを意
識してもらえれば，本章の内容が役に立つものと思います．

2

第 2 章

語形成（造語法）の概説

ity) + mail
(25) nail「釘で打ち付ける」動　← nail「釘」名
(26) edit 動「編集する」　← editor 名「編集者」
(27) difficult 形「困難な」　← difficulty 名「困難」
(28) isomorph 名「同形体」　← isomorphic 形「同形の」
(29) exam 「試験」　← exam(anation)
(30) phone 「電話(器)」　← (tele)phone
(31) tec 「探偵，デカ」　← (de)tec(tive)
(32) op art 「オプアート」　← op(tical) art

(33) polio 「ポリオ, 小児まひ」 ← polio(myelitis)

(34) EU 「欧州連合」 ← E(uropean) U(nion)

(35) NATO 「北大西洋条約機構」

← N(orth) A(tlantic) T(reaty) O(rganization)

(36) radar 「レーダー」 ← ra(dio) d(etecting) a(nd) r(anging)

(37) brunch 「ブランチ, おそい朝食」 ← br(eakfast) + (l)unch

(38) smog 「スモッグ」 ← sm(oke) + (f)og

(39) slanguage 「スラング風の言葉」 ← slang + language

(40) glasphalt 「グラスファルト」 ← gl(ass) + asphalt

(41) greenmail 「グリーンメール」 ← green(back) + (black)mail

(42) astrocyte 「星細胞」 ← astro- + -cyte

(43) telemail 「テレメール」 ← tele- + mail

(44) Mailgram 「メールグラム」 ← mail + -gram 【商標】

1 語形成

　本章は，第1章で解説した語についての説明を補足するため，より複雑な仕組みの語をみていきます．ふつうは新たに語ができる際に，あるいは語を造る際に，語を造る部品となる，最低2つの要素が必要です．とはいっても，第1章でみましたが，以下に述べる語群は話が別です．

　ここで(2)を再び(10)として示し，語が造られることである語形成（Word-formation）と呼ばれる造語と，対して第1章でも述べたように，語尾が変わり語形変化をおこすものの，別の語に変わるわけではない屈折という現象との違いを，具体的にみてみましょう．

(10) Between September and December, *millions* of people go to *stadiums* throughout the US and watch professional football *games*.
9月から12月の間，たくさんの人たちが米国じゅうでスタジアムに行き，プロ・フットボールの試合を観戦する．

(10)の斜体部 millions, stadiums, games の語尾の -s は，名詞の複数形を表しています．これら名詞が複数形であっても，その意味内容が変化するわけではありません．stadiums と複数形になりますと，その意味自体が，例えば「珍奇」というような別の意味に変化するわけではありません．これは形容詞や副詞の比較級・最上級の語尾変化についてもいえます．このように屈折は新しい語を造り出すのではなく，

文脈にふさわしい語形に変える働きをいいます[14].

2 単純語と合成語

2.1 単純語

　さて，話を語形成に戻しましょう．語が造られるといっても，それ以上小さな意味のある要素に分けられない，あるいはその必要がない要素がたくさんあります．そのような要素を形態素というわけですが，名詞複数形を表す屈折という文法現象に関わる屈折形態素(inflectional morpheme)の -s とは異なり，形態素自体がそれ単独で1つの語である場合が少なくありません．英語を学習し始めた頃の語彙は，多くがそうでしょう．ここで1形態素が1語である(11)を例にみてみましょう．

(11) mail

(11)は名詞として「郵便物，電子メール」の意味であるとすれば，例えば ma- と -il とに分けても，現代英語で意味のある要素ではありません．このように文中に単独で現れるものの，有意味な単位に分割できない語を単純語(simple word)といいます[15]．単純語は他の要素が付かないと使えないということはなく，その意味で形態素として自由に

---

[14] 例えば formulae の語尾 -ae のように，名詞の特殊な複数形があります，この語尾変化は，games の -s と働きが同じです．この種の複数形一覧は3章を参照しましょう．

[15] 現代英語の単純語が，歴史的にもすべてそうであるとは限りません．例えば朝に開くその花が太陽の形をしていることから，

独り立ちできていますので，自由形態素(free morpheme)と呼ぶこともあります．つまり，単純語に限らず，「語」であればふつうは自由形態素であるといえます．

先ほど，語ができる際に，語を造る「部品」となるのは，最低2つの要素であるとしました．これを逆に考えてみますと，多くの場合，分解して語の仕組みを理解することができます．そして語を分解して分析できるとしますと，できた語が，その「部品」，すなわち語を分解した要素の和と比べて，長くなるか短くなるかにより，おおよそ2種類に分けられます．

2.2　複合語

まず単純語に他の形態素が結合し，その結果として，より長い語ができる場合を(12)(13)にみてみましょう[16]．

(12)　mailbox　　　← mail + box
(13)　mail order　← mail + order

(12)は2形態素の綴りがひと続き(solid)であり，(13)は両者がスペー

(i)daisy　「デイジー，ヒナギク」　← day's eye

(i)のように，かつては単純語ではなかった語もみうけられます．

[16] 自由形態素同士が(12)と(13)とのいずれかのように，分離して綴られても，あるいは分離せず一綴りで表記されても，はたまたハイフン(-)でつないで(hyphenated)いても，複合語の種類が別になるわけではありません．

スで区切られて (open) います．(12)の意味は，「ポスト，郵便受け，(電子メールの)メールボックス」であり，(11)の意味とは異なり，第2要素 box のかなり広い意味を狭く限定した別の語です．(13)の「通信販売」の意味もほぼ同様のことがいえます[17]．

　さらに，(13)を延長した「通信販売店」の(14)も同じです．

(14) mail-order house ← (mail + order) + house

このように，単純語(11)に別の語が結合した(12)から(14)は，語同士の結合であり，複合語(compound (word))と呼び，これらは英語本来の造り方をする複合語です．言い換えると，複合語は自由形態素のみでできている点に注目した名称です．

　(11)は複合語の第1要素にのみなれるということではありません．「ゆすり，恐喝」の意味の(15)は，(11)が第2要素です．

---

[17] 複合語の意味の面をみてみましょう．(i)は句であり，(ii)は複合語です．

　(i) a red box 　　　（赤い箱）
　　　(A) + (B)　=　(A　B)
　(ii) black box 　　　（ブラックボックス，フライトレコーダー）
　　　(A) + (B)　=　(C)

　(i)と異なり，(ii)の場合は，いずれも語同士の(A)(B)が結合し，1つの別の語となっています．つまり，black も box も black box もそれぞれ違う意味の語です．これは意味の点からおおまかにみますと，句に相当する(i)の ［(A) + (B) = (AB)］ではなく，(ii)の ［(A) + (B) = (C)］ の意味になるのが複合語の典型の一つといえるわけです．

(15) blackmail　　← black + mail

自由形態素である複合語の要素は，原則，複合語のいずれの位置にも
現れることができます．

2.3　派生語

　次に(16)から(19)をみましょう[18]．それぞれの主要な意味は，(16)
が「再送(信)する」，(17)が「郵便差出人，メーラー・ソフトウェ
ア」，(18)は「(法的に)郵送できる」，そして(19)では「郵便配達人の
使う三輪スクーター」です．

(16) remail　　← re- + mail
(17) mailer　　← mail + -er
(18) mailable　← mail + -able
(19) mailster　← mail + -ster

(16)から(19)は，いずれも(11)が含まれますが，残りの下線要素はす
べてハイフンの付いた要素です．しかも，これら下線要素は，文中で
単独の語になれない要素ばかりです．2.2でみた自由形態素に対し
て，これらは拘束形態素(bound morpheme)といいます．拘束形態素
を例語や辞書の中で記述する際には，ハイフン付きで表記するのが普
通です．単独で現れる自由形態素と，他の要素に付いてのみ現れる拘

---

[18] 本章のこれ以後において，例語中の斜体および下線はすべて筆者によるものです．

束形態素との区別は，英語語形成の根本をなすものです[19].

　文中での振る舞いは，（10）の斜体部 games などの名詞複数形語尾 -s と同様ですが，（16）から（19）の下線要素はいずれも（11）の意味を変える働きをしていますので，同じく拘束形態素であっても，異なる拘束形態素です．複数形の拘束形態素 -s を屈折形態素というのに対して，（16）から（19）の下線部は派生形態素（derivational morpheme）といいます．この派生形態素が付加してできた語を派生語（derivative word）といい，他の形態素が結合してより長い語ができる造語では，2.2 でみた複合語に対立する用語です．

　（16）では，下線部の派生形態素は（11）の前部に付加していますので，接頭辞（prefix）と呼ばれます．逆に，（17）から（19）の下線部は，（11）の後部に付加している派生形態素ですので，接尾辞（suffix）といいます．接頭辞と接尾辞とは，合わせて接辞（affix）といわれます．複合語の自由形態素のように，派生語の接辞も，いくぶん厳しい制限のもとで，重なって結合することができます．例えばこれは，（18）を延長した名詞形（20）や，（11）の前後に接辞が付加した（21）にみることができます[20].

(20) mailabili*ty*　　←　mail ＋ -abl(e) ＋ -*ity*
(21) remail*er*　　←　re- ＋ mail ＋ -*er*

---

[19] （12）（13）のように，自由形態素は綴りが離されたり一続きになったりまちまちですが，拘束的要素の場合は，綴りがスペースで離されることはありません．

[20] mailable に -ity が付く場合は，音韻の条件で，つまり発音の都合から，決まって（20）のように -ability に変化します．

　(12)から(15)の複合語と，(16)から(19)の派生語とを，まとめて合成語(complex word)といい，単純語に対立する用語です．

2.4　語根

　単純語であれ合成語であれ，語にはそれより先へは分解できない核心部分があります．言い換えると，付随的な形態素を取り除いて残った形態素が中心部といえます．付随的な形態素とは接辞のことですし，それゆえ，すべての接辞を確認してのちに，その中心の核心部分がみえてくるのです．語形成では，語の中心的形態素を語根(root)といっています．こうして語には必ず語根があるわけです．

　では，これまでの例語を分解し，語根を特定してみましょう．(11)は 2.1 でみたとおり分解不可能な最小の形態素ですので，それ自体で語根といえます．(12)から(15)を構成する各要素もすべて単純語ですし，(11)と同様にそれぞれが語根です．つまり，(12)(13)と(15)とは，語根が 2 つの複合語ですし，(14)は語根が 3 つの複合語です．

　派生語の(16)から(21)はどうでしょうか．(16)から(19)は，接辞をすべて除くと(11)が残ります．したがって，語根は(11)です．(20)(21)も同じことがいえます．

　ところで(22)(「有能な」)はどうでしょうか．

(22)　capable　　← cap- + -able

(22)は拘束形態素同士の結合ですので，一見判別がつかないかもしれません．しかし，(22)の第 2 要素が接辞であることは，(18)(20)で確

認しました．また接辞は，例えば1ヶ月に数個の割合で着実に増加するなどということはありませんし，種類・個数がほぼ限られています．個数が限られた接辞は，確認しやすい形態素です．対して(22)の第1要素は，接辞以外に残された唯一の形態素です．すると(22)の語根は，それ以上分解できない第1要素のほうであるという他はなくなります．この第1要素は自由形態素でなく，なんと拘束形態素です．つまり，拘束的な語根，拘束語根(bound root)もありうることがわかります．

　通常は，自由形態素も拘束語根もいくつもの例をあげることができますが，対して，接頭辞や接尾辞という接辞は，種類が多いわけではありません．拘束語根や自由形態素は数に制限がありませんので，開いた類(open class)といいますが，反対に，接頭辞や接尾辞は，いろいろな語の中に繰り返し現れ，個数が限られる閉じた類(closed class)であるといいます[21]．

2.5　派生語と複合語

　複合語であれ派生語であれ，造語では互いを包摂し合うこともあります．(23)(「ゆすりを働く者」)は，接尾辞が複合語に付加した派生語といえます．

---

[21] 派生の接辞の一覧表は6節を参照してください．

(23) blackmailer　　← blackmail + -er
(24) priority mail　　← (prior + -ity) + mail

(24)(「優先郵便」)は，接尾辞が付加した派生語の後部に，単純語(11)が結合した複合語です．(23)(24)から，基本的に語形成の仕組みの中で，複合語と派生語との間には上下関係はないようです．

2.6　英語語形成のフローチャート

　図2-1をみてください．ここまでは，図の左側ほぼ半分に当たる|より長い語ができる|の下側に展開する系列を解説してきました．2.7から3節にかけて，残る右側の系列についてみていきます．

　さらに4節で，図2-1に当てはめにくい，つまり英語語形成の仕組みに一見矛盾するような例語を紹介します．

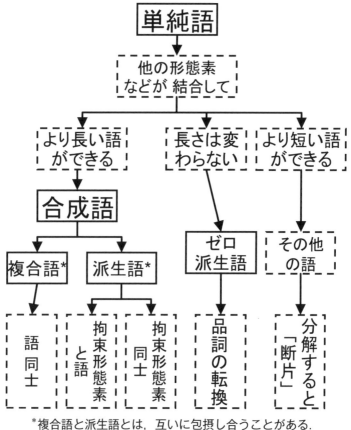

*複合語と派生語とは，互いに包摂し合うことがある.

図 2-1　英語語形成の分岐図

2.7　ゼロ派生

　ゼロ派生(zero derivation)，または転換(conversion)は，唯一，語の長さが変わらない語形成です．(25)では，

(25)　nail「釘で打ち付ける」動　← nail「釘」名

語の物理的長さを変えず，語の品詞を変更させています．そればかりか，語の意味が複雑になり，意味の範囲もより狭く限定的になっています．これもれっきとした語形成であり，転換とかゼロ派生と呼ばれます．すなわち，ある品詞を語形はそのままに別の品詞へ「転換」する，ないしは目に見えない「ゼロ」の接辞が付いて語の役割を変えるという考え方です．ゼロ接辞とは目に見えない接辞ということです．辞書をめくると，複数個の品詞がある見出し語によく出会うと思います．それらの語はこの語形成で品詞が増えていると考えます．

3　短縮とその他の語形成

　　ここでは，造語元の和よりも物理的に短い語形成のなかから，重要と思われるものを紹介します．これらはひとくくりに「周辺的語形成」と呼ばれることもあります．

3.1　逆形成

　逆形成(backformation)は，見かけが派生語である造語元から，接辞を除いて造られる語形成です．

(26) edit 動「編集する」　　← editor 名「編集者」
(27) difficult 形「困難な」　　← difficulty 名「困難」

(26)(27)の下線部の接辞が取り除かれて，より短い語が造られました．(28)は専門用語です．

(28) isomorph 名「同形体」　← isomorphic 形「同形の」

3.2　短縮語，切り株語

　短縮語(clipping)，または切り株語(stump word)は，語の一部を切り取り，残りの部分を語とする語形成です．(29)から(33)をみますと，切り取られる部分は様々であり，残りの「断片」が語となっています．

(29) exam　「試験」　　　　　← exam(anation)
(30) phone　「電話(器)」　　　← (tele)phone
(31) tec　「探偵，デカ」　　　← (de)tec(tive)
(32) op art　「オプアート」　　← op(tical) art
(33) polio　「ポリオ，小児まひ」← polio(myelitis)

(33)は専門用語の短縮です．

3.3　頭文字語

　頭文字語(acronym)は，語の頭文字を並べて新語を造る語形成で

す．造語は原則2種類の発音法があります．まず，(34)のようにアルファベットを1文字ずつ読む方法と，もう一つは，(35)のように1つの語のように読む方法とです．

(34) EU **[íːjúː]** 「欧州連合」 ← E(uropean) U(nion)

(35) NATO **[néitou]** 「北大西洋条約機構」

　　　　　　　　　　　　　　← N(orth) A(tlantic) T(reaty) O(rganization)

(36) radar **[réidɑːr]** 「レーダー」

　　　　　　　　　　　　　　← ra(dio) d(etecting) a(nd) r(anging)

(36)の語頭部分はすこし変則的な縮約方法です．

3.4　混成語，かばん語

　混成語(blend)または，かばん語(portmanteau word)は，2語の部分を合わせて1語にする語形成です．強勢アクセントは，後部の造語元のアクセントを引き継ぎやすいです．(37)から(41)では，いずれも第1要素の後部と，第2要素の前部とが，重なり合うように結合しています．

(37) brunch   **[brʌ́ntʃ]**「ブランチ，おそい朝食」

← br(eakfast) + (l)unch

(38) smog   **[smág]**「スモッグ」   ← sm(oke) + (f)og

(39) slanguage   **[slǽŋgwidʒ]**「スラング風の言葉」

← slang + language

(40) glasphalt   **[glǽsfɔːlt]**「グラスファルト」

← gl(ass) + asphalt

(41) greenmail   **[gríːnmeil]**「グリーンメール」

← green(back) + (black)mail

(41)は(11)に関連する混成語です．

　以上で図2-1全体の解説をおえます．

4 「新古典複合語」

　ところで，図2-1に示していませんが，これまでの説明に沿って考えてみましても，(22)に似た構造の英語合成語(42)も多く存在しています．

(42) astrocyte「星細胞」　← astro- + -cyte

(42)の2つの拘束形態素は，2.3から2.5でみた接辞の類にも属さないとされがちです．もちろん，このあと6節の派生接辞の一覧にも登場しないのです．また，これらは意味が具体的です．第1要素はおおよそ「星」の意ですし，第2要素は同じく「細胞」の意です．

　ここでさらに詳しく述べることはしませんが，また断定的とはいえ
ないものの，他の理由もあり，両者を接辞というには心許ないので
す．だから当然，複合語の(12)から(15)とはもちろんのこと，拘束形
態素のみの派生語(22)ともどこか違うわけです．

　(42)の類は，おもにギリシャ語・ラテン語由来の形態素にちなみ，
新古典複合語(neoclassical compound)と呼ぶことがあります．この
「複合語」という名称から，新古典複合語を造る拘束形態素は，閉じ
た類の接辞ではなく，複合語を造る(拘束)語根の仲間とされ，開いた
類に属することがわかります．

　新古典複合語は，拘束形態素が結合する点で派生語に似ています．
しかし，語根同士が結合していますので，分類上は(12)から(15)のよ
うな英語の本来的複合語に近いのです．

　すると，(11)に関連する語(43)(44)は，いかに分類できるでしょう
か．

(43) telemail「テレメール」　　　← tele- + mail
(44) Mailgram「メールグラム」　← mail + -gram　　　【商標】

(43)の第1要素と(44)の第2要素とは，拘束形態素ですが，接辞とは
いいにくいわけです．これらの拘束形態素まで接辞であると認めてし
まうと，2.4で述べたように，種類を限定し，個数を少なく保つため
の接辞の存在価値が無くなってしまうからです．つまり，接辞の数を
どんどん増やすとすれば，閉じた類ではなくなるからです．その種類
が増えると織り込むならば，逆に，(22)にみた拘束語根の仲間である

と想定した方がよくなります．しかし，(43)(44)は単純語(11)と結合していますので，派生語ではなく，複合語の仲間ともいえます．それでも，拘束形態素が結合している点で，(42)から(44)は，複合語よりも派生語に似てもいます[22].

とはいえ，あくまで語根同士の結合である複合語の観点のみに絞るとすれば，本章なりの整理方法を図2-2に提示できます．かりに，単独で自立できる，つまり文中で使える1つの自由形態素を1つの箱にたとえますと，(42)の箱にはその2つの拘束形態素が入っています．少なくとも英語では，綴りの長い語には構造からみると「短い」語，つまり新古典複合語もあるのです．これはたとえれば，同じく1つの箱ですが，それ以上分けられない(11)より複雑なのです．しかしながら，(11)のような箱が2つある(12)(13)や(15)は，(42)のように複雑ですが，箱の数は2つで2倍の長さになっているといえるのです．

---

[22] 新古典複合語を結合して，(12)から(15)と同様の本来的複合語(i)を造ることができます．

(i)photoluminescence dosimeter「蛍光線量計」

その逆に，本来的複合語をつなげて新古典複合語を造り出すことはできません．

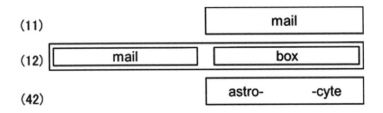

図2-2　綴りの長さと自由形態素の個数

このことは語を覚える際のヒントを与えてくれるかもしれません．第1章でみたように，語を造る4つの要素である，綴り・発音・品詞・意味の中で，特に綴り（また，発音にも及びますが）については，語が長ければ長いほど，その綴りを丸ごと覚えるよりも，形態素に分解して覚えるほうが効率がよいと思うのです．物理的に長い語を形態素に分解して認識できれば，図2-2のように実際は，要素が狭い所にぎっしり詰め込まれているだけであるとわかる場合が多いはずです．この例外は，図2-1の│より短い語ができる│以下の系列でしょう．各形態素に分解して覚えると，抽象的な意味の場合も含めて，その意味をも理解することになります．それゆえ，形態素の意味をつなげると，語のおおよその意味もうかがい知ることができるでしょう．

5　語形成の位置付け

　ここまで英語語形成の枠組みを概観しました．語形成は屈折と共に，形態論の2つの主要部門の1つです．図2-3のように，形態論は

音韻論，統語論，語用論などと共に，英語についての言語学である英語学の1部門です．

図2-3　言語学の各部門

図2-3内の形態論の中味を2つに分けて示した図2-4は，図1-9と同じです．

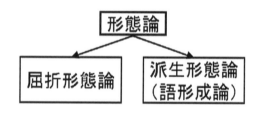

図2-4　形態論の2つの分野

　図2-1では語の仕組み・構造からその種類を分岐図として示していますが，他方で，造語する方法により分類してみますと，例えば図2-5のようになります．

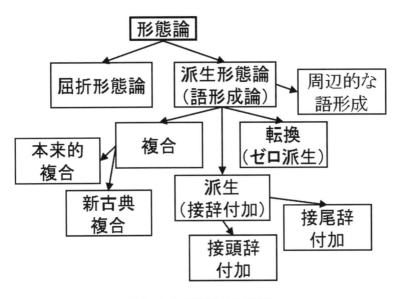

図 2-5　英語語形成の諸過程

　本章はここまで，この形態論のさらに一部門である語形成のさわり
を，理論的な議論をなるべく省いて，初心者にも概要を理解できるよ
うに解説してきました.

　形態論に属す語形成は，構成が図 2-1 や図 2-5 のように枝分かれし
て成り立っていることさえ知っておけば，語の正体はおおかた判明す
るものです.

6　主要な接辞の一覧

　ほぼ純粋に派生接辞と考えることができるのは，拘束形態素でも
2.3，2.5 で例示した特徴をもつ類です．研究書・文法書の多くが，そ
の分類の中で伝統的に接辞扱いとしている要素を中心に，以下に掲載
していきます．

　ところで，4 節の記述に従い，新古典複合語を造る他の拘束形態素
を含めてしまいますと，その数はかなり増えてしまいます[23]．それで
は本書の趣旨を超えてしまいますので，認知度や使用頻度などで絞り
込み，以下の一覧表として示すことができます．

　配列は各要素のアルファベット順で，接頭辞を(45)に，また接尾辞
を(46)に続けます．

---

[23] 4 節で述べましたように，新古典複合語内の各要素は開いた類ですので，数に制限が
無く，いくらでも増え続ける可能性がありますから，それらを完全に網羅することは
不可能といえます．しかしながら，同じく 4 節で触れましたように，接辞と新古典複
合語の要素との違いが，わかりにくいともいえるようですから，両者の完璧な区別は
不可能かもしれません．語形成について書かれた多くのテキストにおいて共通してい
ますが，両者の違いを峻別することは避け，ひたすら俯瞰的な，あるいは網羅的なリ
スト作りに傾倒するのも 1 つの方法ではあります．本書のようなテキストではその点
に踏み込んではいませんが，拘束形態素からみた観点で，語根と接辞とを区別する議
論が必要と考えます．

(45)接頭辞一覧表

	A 接頭辞	B 接頭辞の意味
1	a-	非, 無, 不
2	ab-	離脱
3	acro-	先端
4	ad-	方向, 傾向, 変化, 添加, 増加
5	aero-	空気の, 空中の, 航空の
6	Afro-	アフリカの
7	agro-	畑, 土壌, 農業
8	ambi-	両側, 周り
9	amphi-	両側に, 周囲に, 両方の
10	ana-	上方に, さかのぼって, 逆に, 再び
11	Anglo-	イギリスの
12	ante-	前の
13	anti-	反対, 非, 逆
14	apo-	離脱
15	aqua-	水の
16	arch-, archi-	主要な, 最高の
17	astro-	星の, 天体の
18	audio-	音, 聴
19	auto-	自身, 自力, 独自, 自動の
20	baro-	気圧
21	be-	…にする, …で覆う, 全く
22	bene-	善, 良
23	bi-	2の(ラテン語系)
24	biblio-	本, 聖書
25	bio-	生命の
26	by-	そばに, 副次的な, 本道から逸れた
27	cardio-	心臓の
28	cata-	…下に向かって, …に反して, …を通じて, 完全に
29	cent-, centi-	100分の1
30	chrono-	時間の
31	cine-	映画
32	circum-	周りに, あちこちに
33	co-	共同, 同等

C 例語	D 例語の意味	品詞変更の有無
asymmetric	不均整の，非対称の	
abnormal	異常な	
acromegaly	先端巨大症	
addition	付加，増加，加算	
aeroplane	飛行機	
Afro-American	アフリカ系アメリカ人	
agrotechnology	農業技術	
ambidextrous	両ےきの	
amphitheater	円形競技場，円形劇場	
anabaptist	再洗礼派	
Anglo-American	イギリス系アメリカ人	
anteroom	控室	
antibody	抗体	
apogee	最高点	
Aquarius	みずがめ座	
archbishop	大司教	
astronaut	宇宙飛行士	
audiometer	聴力計	
autobiography	自叙伝，自伝	
barometer	晴雨計，気圧計	
befriend	…の味方となる，…の世話をする	有
benediction	祝福	
biathlon	バイアスロン	
bibliomania	蔵書癖	
biology	生物学	
bypath	わき道	
cardiogram	心電図	
category	種類・部門	
centimeter	センチメートル	
chronograph	クロノグラフ	
cinematograph	映写機	
circumrotate	(車輪のように)回転する	
coauthor	共著者	

78

	A　接頭辞	B　接頭辞の意味
34	con-, com-, col-, cor-	共に，一緒に
35	contra-	逆…，反…，抗…，対…
36	counter-	敵対する，報復する，反，逆，対応する，副
37	cyber-	コンピューターの
38	de-	下降，分離，強意，悪化，低下，非難，軽蔑，除去，反…，非…，…由来の，…派生の，離脱
39	deca-,	10倍
40	deci-, deka-	10分の1
41	demi-	半，部分的，準…
42	dendro-	樹木
43	di-	二つ，倍(ギリシア語系)
44	dia-	横切って，隔てて
45	dis-	反対の動作，除く，剥ぐ，奪う，不…にする，不…，非…，無…，分離，否定を強調
46	duo-	双…，両…
47	dys-	悪化，不良，困難
48	eco-	家の，環境の
49	en-, em-	…の中に入れる，…に載せる，…でおおう，…にする，…ならしめる，…を与える，内(側)に…する，すっかり…する
50	endo-	内部
51	epi-	上，外
52	ethno-	民族
53	eu-	良，好，善，真正
54	Euro-	ヨーロッパの
55	ex-	外，無，非，超過，徹底，上昇，前の，前…，元の
56	exa-	10^{18}，100京
57	exo-	外
58	extra-	…外の，…の範囲外の，…以外の
59	femto-	10^{-15}
60	ferro-	鉄
61	for-	禁止，除外，無視
62	fore-	前部の，前方の，先…，予…
63	Franco-	フランスの
64	gastro-	胃の
65	geo-	地球の，地面の
66	giga-	10億倍，巨大な
67	grand-	1親等隔てた

C 例語	D 例語の意味	品詞変更の有無
contemporary	同時代の，現代の	
contradistinction	対照区別，対比	
counterclockwise	時計の針と反対の，左回りの	
cyberspace	電脳空間	
defrost	除霜する，解凍する	
decathlon	10種競技	
deciliter	デシリットル	
demigod	半神半人，神のような人	
dendrochronology	年輪年代学	
dioxide	二酸化物	
diagram	図表	
dislike	嫌う	
duopoly	(2企業による)複占，2国による覇権	
dyspeptic	胃弱の	
ecology	生態学	
empower	(法律上)…に〈…する〉権利を委任する	
endocytobiology	内細胞生物学	
epistle	書簡	
ethnocentric	自民族中心主義	
eugenics	優生学	
European	ヨーロッパ人	
exclude	除外する，無視する，…の余地を与えない	
1Em	10^{18} m	
exocarp	外果皮	
extra-large	〈服など〉特大の，LLサイズの(XL)	
femtosecond	1000兆分の1秒	
ferroelectric	強誘電性の	
forbid	禁じる	
foresee	予見する，予知する，予測する	
Franco-American	フランス系アメリカ人	
gastroenteritis	胃腸炎	
geology	地質学	
gigabit	ギガビット	
grandfather	祖父	

	A 接頭辞	B 接頭辞の意味
68	h(a)emo-	血
69	hecto-, hect-	100 倍
70	helio-	太陽
71	hemi-	半
72	hepta-, hept	7 の
73	hetero-,	異なった, 他の
74	hexa-,	6 の
75	homo-	同種の, 等しい
76	hydro-	水の
77	hygro-	湿った
78	hyper-	向こうの, 超越, 超過, 過度に, 非常な, 三次元超の(空間の)
79	hypo-,	下に, 以下, 少し
80	in-, il-, im-, ir-	無, 不, IN, ON, INTO, WITHIN, AGAINST, TOWARD, …の中[内] の, 最新流行の, 仲間内だけの
81	Indo-	インドの
82	infra-	下に, 下部に
83	inter-	中, 間, 相互, 以内
84	intra-	内に, 内部に, 内側に
85	intro-	中へ
86	iso-	同一の, 類似の
87	kilo-	1000 倍
88	macro-	長い, 大きい, 異常な
89	mal-	悪, 不規則, 不良, 不全, 異常
90	maxi-	特別に長い(extra long), 特大の(extra large)
91	mega-	大きい, 大型の, 100 万(倍)の, 10^6, メガ, 2^{20}
92	meta-	のちに, 変化して, 越えた, 共に
93	micro-	100 万分の 1, マイクロ$(\mu)(=10^{-6})$, 小…, 微…, 拡大の, 顕微鏡でしか見えない, 小さな地域の, 微小写真の
94	mid-	中間, 中間部分の
95	milli-	1000 分の 1
96	mini-	極小の, 小型の, 極めて短い, 小規模の
97	mis-	誤った…, 悪い…, 不利に…, 欠けた
98	mono-	単独の, 単一の, 一の, 1 個の原子 [基] を含む, 単分子の
99	multi-	多い, 多数 [量] の, 多種の, 多数倍の

C 例語	D 例語の意味	品詞変更の有無
hemoglobin	ヘモグロビン	
hectare	ヘクタール(100 アール)	
heliograph	日照計	
hemisphere	半球体, 大脳［小脳］半球, 半球の住民［国家］	
heptagon	七角形	
heterochromatin	異質染色質	
hexagon	六角形	
homeopathy	同種療法	
hydrogen	水素	
hygrometer	湿度計	
hypercorrection	過剰訂正, 直しすぎ	
hypocrite	偽善者	
inaccessible	到達し難い, 手にはいらない	
Indo-European	印欧語族	
infrared	赤外線	
interoceanic	大洋間の	
intranet	イントラネット	
introduce	紹介する	
isotope	同位元素	
kilometer	キロメートル	
microeconomics	マクロ経済学(一国全体の収支関係など経済の総合的局面を扱う)	
malfunction	不調, 機能不全	
maxisingle	EP 盤, マキシシングル(12 センチ CD に 3-4 曲入りのシングル CD)	
megacity	人口 100 万人の都市, 百万都市, 巨大都市	
metaphysical	形而上学の	
microwave	極超短波, マイクロ波, 電子レンジ	
the mid-nineties of the 20th century	20 世紀 90 年代の中頃	
millimeter	ミリメートル	
ministate	ミニ国家(新たに独立したアフリカやアジアの小国)	
misleading	誤りに導く, 誤解させる, 紛らわしい	
monoculture	単一栽培, 単作, 専作；単一栽培作物, 単一文化	
multimedia	マルチメディア(テキスト・静止画像・動画像・音声など多様な形態の情報の複合的表現や技法, 音声・映像教材を採り入れた教授法など)	

	A 接頭辞	B 接頭辞の意味
100	nano-	10 億分の 1, 極微細な
101	neo-	新しい
102	neuro-	神経の
103	new-	近頃, 新たに
104	nitro-	硝酸, 窒素の
105	non-	非, 不, 無
106	ob-	…に向かって, 面して, …に反対して, …を覆って, 完全に, …の邪魔をして, 逆に
107	octa-, octo-	8 の
108	off-	離れて
109	omni-	全部, 総合
110	ortho-,	直, 正
111	out-	外(側)(から)の, 外国に, …より多く, …にまさって, 発生, 行為の結果
112	over-	過度に, 過剰に, 限度を超えて, 上の, 外側の, 非常に, 全く
113	oxy-	酸素の
114	paleo-, palaeo-	古, 旧, 原始
115	pan-	全…, 総…, 汎…
116	para-	側, 以上, 以外, 不正, 不規則, 擬似, 保護, 防護,
117	penta-	5 の
118	per-	完全に, 非常に
119	peri-	周囲, 近い
120	peta-	1000 兆倍
121	petro-	石, 岩, 石油
122	philo-	愛する, …びいき
123	phono-	音, 声
124	photo-	光, 写真
125	pico-	1 兆分の 1
126	poly-	多, 複, 過度, 重合体
127	post-	…後の, ポスト…, 次の
128	pre-	あらかじめ, …以前の, …の前部にある
129	pro-	…の代わりに, 副…, …賛成の, …ひいきの, 公けに, …に応じて, 前…
130	proto-	初期の, 原始の
131	pseudo-	偽りの, 仮の, 擬似の
132	psycho-	霊魂, 精神
133	pyro-	火

C 例語	D 例語の意味	品詞変更の有無
nanometer	ナノメートル	
neolithic	新石器時代の	
neurogenic	神経性の	
newborn	新生児	
nitrogen dioxide	二酸化窒素	
nonbiodegradable	非生物分解性の	
obsolete	すたれた，時代遅れの	
octagon	八角形	
off-duty	非番の	
omnibus	オムニバス	
orthodox	正統派の	
outperform	…より性能がすぐれている	
overgrazing	過放牧	
oxygen	酸素	
Paleozoic	古生代	
Pan-American	全米の	
parachute	パラシュート	
pentagon	五角形，アメリカ国防総省	
perfect	完璧な	
periscope	潜望鏡	
petabyte	ペタバイト	
petrol	ガソリン	
philosophy	哲学	
phonogram	表音文字	
photograph	写真	
picosecond	ピコ秒	
polyglot	数か国語対訳の	
postindustrial	脱工業化の，大規模産業支配後の	
premodern	近代以前の，前近代的な	
proconsul	属州総督，プロコンスル，植民地総督，副領事	
prototype	試作品	
pseudonym	偽名，匿名，ペンネーム，雅号	
psychology	心理学	
pyrolysis	熱分解	

	A 接頭辞	B 接頭辞の意味
134	quad-, quadri-	4 の
135	quasi-	類似, 半, 準, 擬似
136	radio-	放射, 半径, ラジウム, 無線
137	re-	再び, さらに, 新たに, …しなおす, もとへ…する, 反対, 秘密, 否定, 相互に, 強意
138	retro-	後方へ, 元へ
139	Russo-	ロシアの
140	self-	自己, 自動
141	semi-	なかば…, 幾分…, やや…, …に 2 回
142	septi-	7…
143	sex(i)-	6 の
144	Sino-	中国の
145	step-	血縁のない
146	stereo-	固い, 実体の
147	strato-	成層圏
148	sub-	下, 下位, 以南, 副, 亜, やや, 半
149	sulpho-, sulfo-	硫黄
150	super-	上, 付加, 過度, 極度, 超過, 超…, 過…
151	supra-	上に
152	sur-	過度に, 上に
153	syn-	一緒に
154	techno-	(科学)技術
155	tele-	遠い, 電信の
156	tera-	1 兆倍
157	tetra-	4 の
158	thermo-	熱
159	topo-	場所
160	trans-	越えて, 横切って, 貫いて, 通り抜けて, 他の側へ, 別の状態へ, 超越して, …の向こう側の, トランス形の, 周期表で…より後ろに位置する, 完全に変形するような, 太陽からみて…より遠い
161	tri-	3…, 3 倍の, 3 重…
162	turbo-	タービンの
163	twi-	双…, 両…
164	ultra-	極端に, 超…, 限外…, 過…, 越えて
165	un-	否定, 逆, 取り去る, 分離する, 脱ぐ, 解放する, 奪う

C 例語	D 例語の意味	品詞変更の有無
quadrangle	四角形	
quasiparticle	準粒子	
radioactive	放射性の	
restart	再開する，再着手する	
retroactive	遡及する	
Russo-Japanese War	日露戦争	
self-acting	自動式の	
semiconductor	半導体	
heptavalent	7価の	
sexidecimal	16進法の	
Sino-Japanese War	日清戦争	
stepfather	継父	
stereoscope	立体鏡	
stratosphere	成層圏	
suburban	郊外の，都市近郊特有の，あかぬけない	
sulfoxide	スルホキシド	
supercomputer	スーパー・コンピュータ	
supranational	超国家的な	
surcharge	追加料金，特別料金，割増金，不足金，追徴金，積み過ぎ，過充電	
synergy	共同作用	
technology	科学技術	
telephone	電話	
terabyte	テラバイト	
tetragon	四角形	
thermometer	温度計	
topography	地形学	
transcontinental	大陸(特にヨーロッパ大陸)横断の，大陸の向こう側の	
triangle	三角形，三角定規	
turbocharger	ターボチャージャー	
twins	双子	
ultralight computer	超軽量コンピュータ	
unhappy	不幸な，不運な，悲しい，憂鬱な，みじめな，不吉な，まずい	

	A 接頭辞	B 接頭辞の意味
166	undeca-	11 の
167	under-	下方の［から］，標準以下の，不完全に，劣る，下位の，従属の
168	uni-	一，単一
169	up-	動詞・動名詞に付けて各品詞を作る
170	vermi-	虫
171	vice-	副…，代理…，次…
172	vita-	生命の
173	with-	後方へ，離れて，反対に

C 例語	D 例語の意味	品詞変更の有無
undecagon	11角形	
underinsurance	一部保険，付保過少（保険金額が保険価額より少ない保険）	
unibody	ユニボディ	
uphold	持ち上げる	
vermin	害虫	
vice-minister	次官，事務次官	
vital	生命の	
withdraw	引き下がる	

(46)接尾辞一覧表

	F　接尾辞	G　接尾辞の意味
1	*-ability, -ibility*	能力
2	-able, -ible	能力
3	-age	集合, 状態, 動作
4	-al	性質, …すること
5	-al, -ial	性質
6	-ance, -ancy	行動, 状態, 性質
7	-ant	性質, …する人
8	*-arian*	…派の(人), …主義(者)
9	-ary	関係のある
10	-cy	職, 身分, 性質, 状態
11	-dom	勢力範囲, 状態, 社会, 気質
12	*-ee*	行為をうける者, 被…者
13	*-eer*	…関係者, …取扱者
14	-en	性質, 材質
15	-ence	性質, 状態
16	-ent	性質, 状態, 行為者
17	-er	…する人〔物〕
18	-ery, -ry	性質, 行為, …業など
19	*-ese*	…の, …語(の), …人(の)
20	*-esque*	…の様式(の), …風(の)
21	-ess	女性名詞を作る
22	*-ette*	小さい, 女性の, 代用品の
23	-ful	…の特性を有する, …の満ちている
24	-hood	性質・状態・期間
25	*-ian*	…の, …の性質の
26	*-ic, -ical*	…の
27	-ify, -fy	…化する
28	*-ion*	動作, 状態
29	-ish	性質, 状態, 属性
30	-ism	主義, 行為, 病的状態, 特性
31	-ist	主義者, 従事者
32	-ite	…の人(の), …の信奉者(の), 学術用語などで化石・鉱物・器官部分・塩類・爆薬・商品などの名詞を造る
33	*-ity*	状態, 性質
34	-ive, -itive	…の性質を有する
35	-ize, -ise	…化する

H 付加される語の品詞	I 付加されてできる品詞	J 例語	K 例語の意味
形	名	availability	有用性，入手［利用］可能性
動	形	acceptable	受け入れられる
名，動，形	名	abusage	（言語の）誤用
動	名	approval	提案
名	形	rational	理性のある
動	名	assistance	助力
動	形，名	accountant	会計士
名	形，名	totalitarian	全体主義の
名	形	momentary	束の間の
形，名	名	bankruptcy	破産
	形，名	kingdom	王国
動	名	employee	従業員
名	名	conventioneer	大会参加者
名	形	wooden	木製の
動	名	existence	存在
動	形，名	student	学生
動	名	cruiser	巡洋艦
動	名	fishery	漁業
名	形，名	Japanese	日本人
名	形	Byzantinesque	ビザンチン風の
名	名	countess	伯爵夫人，女伯爵
名	名	launderette	コインランドリー
名	形	beautiful	美しい
名	名	adulthood	成人期
名，形	名	physician	内科医
名	形	heroic	英雄の
名	動	acidify	酸性化する
動	名	accession	接近，到達
名，形	形	childish	子供っぽい
名，形	名	consumerism	消費者運動
名，形	名	pianist	ピアニスト
	形，名	ammonite; Israelite	アンモナイト；イスラエルの
形	名	regularity	規則正しさ
	形	massive	大きく重い
名，形	動	Africanize	アフリカ化する

	F 接尾辞	G 接尾辞の意味
36	-less	…のない
37	-let	小さいもの，身に着けるもの
38	-like	…のような，…らしい
39	-ling	小さい(指小辞)
40	-ly	(形容詞を副詞にする)
41	-ly	…らしい，繰り返し起こる
42	-ment	結果・状態・動作・手段など
43	-ness	性質・状態・程度など
44	-or, -our	…する人，動作，性質，状態
45	-ory	…のような，…の性質のある，…として
46	-ous, -eous	…の多い，…性の
47	-ship	抽象名詞を造る
48	-some	…に適する，…しやすい
49	-ster	する人，作る人，扱う人，…人
50	-ular	(小さな)…の，…に似た
51	-ward, -wards, -ways	…の方へ(の)
52	-wise	…の方法で，…の方向に，…に関して
53	-y	…性の，やや…の，…させるような

「付加される語の品詞」は，主にこの品詞に付加されることを示す．また，空欄の場合，各種の品詞・要素との結合例がある.
* -ulus, -ula, -ulum の指小辞の後に付く
斜体字の項目は強勢アクセントを移動させる．下線部の項目は強勢アクセントを移動させることもある.

H 付加される語の品詞	I 付加されてできる品詞	J 例語	K 例語の意味
名, 動	形	careless	不注意な
名	名	ringlet	小環, 小輪, (毛髪の)長い巻毛
名	形	childlike	子供らしい, 無邪気な
名	名	gosling	ガチョウの子, 若造
形	副	wholly	全く, 完全に, 全体として, もっぱら
名	形	kingly	王の, 王らしい
動	名	payment	支払い
形	名	illness	不快, 病気
動	名	operator	オペレーター
名, 動	形, 名	introductory	序言の, 入門的な
名	形	dangerous	危険な
形, 名	名	membership	会員資格
形, 名	形	quarrelsome	けんか好きな
名	名	rhymester	へぼ詩人
*	形	cellular	細胞の, セル方式の
	副, 形, 前	riverward	川の方へ
名, 形	副, 形	taxwise	税金に関しては
名, 形, 動	形	snowy	雪の多い, 雪白の, 清い

語尾が -ate の語の意味は少し煩雑です. 名詞の語尾として,

   1 「位, 職; 集団」・「領土」

   2 「(ある行為の)対象となる人・物; 行為の結果」

   3 「…酸塩, …酸エステル」・「製品」

形容詞の語尾として,

   4 ラテン語系形容詞の語尾

   5 「…化した」

   6 「…を有する」

動詞の語尾として,

   7 「…させる, …する, …になる」

   8 「…を加える, …で処理する」

というように, 多様な -ate があります.

索　引

・第1章〜第2章のみ
・（　）付は注釈など本文以外

第2章(42)に関連した拘束的な要素一覧
(45)(46)以外の各連結形(←拘束的な複合語要素のこと)

連結形

L 連結形 (結合形)	M 意味
-ade	行為，生成物，結果，甘味飲料など
-arch	支配者，君主
-archy	政体，体制
-ard	大いに…する人
-aster	軽蔑
-cide	殺し
-cle, -cule, -ule	小さな，個々
-cracy	政体，支配
-craft	技術，才能，職，乗り物
-crat	主義の人
-drome	施設
-fashion	…のように，…式に
-fold	…倍の，…重の
-form, -iform	…形の
-free	…がない
-gamy	結婚
-gate	スキャンダル，醜聞《Watergate 事件から》
-gen	発生
-gon	多角形
-gram, -graph(y)	書かれたもの，記録
-handed	手，手法，人数
-itis	炎症，熱
-ium	状態，元素
-log(ue)	談話，言葉
-logy	…学
-looking	…に見える
-lysis	分解
-man, -men, -person	属性，身分，職業
-mancy	占い
-mania	熱狂

-meter	計測		る者，恐怖症
-metry	計測，学問	-phone, -phony	音
-most	最も	-proof	耐性，…を通さない
-nik	属性	-scape	…の風景
-nomy	…学	-scope	…を見る機械
-oid	…のような	-self, -selves	自身
-orium	…用の場所・施設・ 用の物	-speak	…用語
-osis	状態，変化，病名	-sphere	球
-pathy	苦痛，感情，療法	-style	…様式［風］の，… のスタイルの，…に 似た
-phil(e), -philia	…を(病的に)好む者		
-philiac	…を(病的に)好む者 (の)	-teria	セルフサービスの店
		-wide	全体にわたって(わ たる)
-phobe, -phobia	…を(病的に)を恐れ	-worthy	…に値する

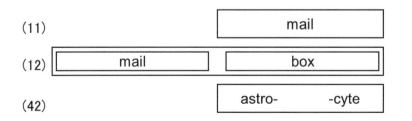

(11)　mail

(12)　mail　box

(42)　astro-　-cyte

3

第3章
英日対訳語彙集他

英日対訳〈簡略〉語彙集

1 はじめに

　本章は，本書に関わる各種一覧表その他を提示します．商学部を想定すると，英語テキストとしても，会計・経営・金融・貿易など，該当領域の英語表現を取り入れておきたいと思います．そこで以下の語彙集を英和対訳で表示します．これらは簡略語彙集であり，あらゆる関連情報を網羅しているわけではありません．その点はご承知おきください．

　本書全体に関わる各種 URL の一覧は，第4章6節を参照してください．巻末の折込み「世界地図」も参照しながら読み進めましょう．

2 英日対訳簡略語彙集

2.1 「財務諸表(financial statements)」各表の主要勘定科目

　実際の財務諸表では，各科目の右側に該当の金額が表記されますが，ここでは省いています．

貸借対照表（バランスシート，（**B/S**））

総資産

借方　　　　　　　　　　　貸方

流動資産
　現金等
　売上債権
　棚卸資産
　╎その他流動資産
　╎

固定資産
　有形固定資産
　無形固定資産
　投資等
　╎その他固定資産
　╎

資産の部

流動負債
　仕入債務
　短期借入金等
　╎その他流動負債
　╎

固定負債
　長期借入金等
　╎その他固定負債
　╎

負債の部

株主資本
　資本金
　資本剰余金

　利益剰余金

少数株主持分
╎

純資産の部

Balance Sheet, (B/S)

Total assets

debit | credit

Assets section

Current assets
Cash
Accounts
 receivable
Inventory

Other current
 assets

Fixed assets
Tangible fixed
 assets
Intangible fixed
 assets
Financial assets

Other fixed
 assets

Liability section

Net assets, Net worth

Current liability
Accounts payable
Short-term debt

Other current
 liabilities

Fixed liability
Long-term debt

Other fixed
 liabilities

Shareholders capital
 legal capital,
  stated capital
 capital surplus

 earned surplus,
  retained earnings

Minority
 Shareholders

損益計算書(P/L)

損益計算書 (P/L)

売上高

売上原価

売上総利益(粗利益)

販売費及び一般**管理費**

営業利益

営業外損益 営業外収益, 営業外費用

経常利益

特別損益 特別利益, 特別損失

税引前当期純利益

法人税等

純利益

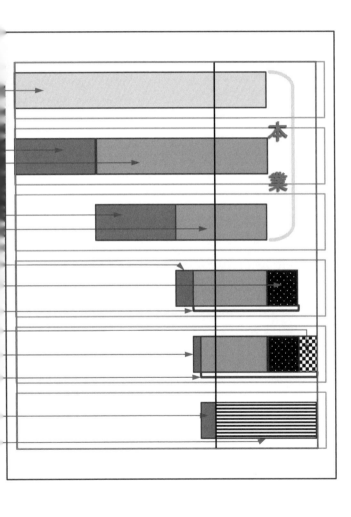

売上高	Sales
売上原価	Cost of goods sold 〔COGS〕
売上総利益	Gross operating profit 〔GOP〕
販売費および一般管理費	Selling, general and administrative expenses 〔SGA; SG&A〕
営業利益	Operating profit
営業外損益	Non-operating income and expense
経常利益	Ordinary profit
特別損益	Extraordinary profit and loss
税引前当期純利益	Profit before tax
法人税等	Corporate income tax
純利益	Net profit

キャッシュ・フロー計算書(CFS)	Cash flow statement, CFS
営業キャッシュ・フロー	Operating cash flow
投資キャッシュ・フロー	Investment cash flow
フリー・キャッシュ・フロー	Free cash flow (FCF)
財務キャッシュ・フロー	Financing cash flow
設備投資	Capital investment
減価償却費	Depreciation expense [cost]

株主資本等変動計算書(S/S)	Statements of shareholders' equity (S/S)

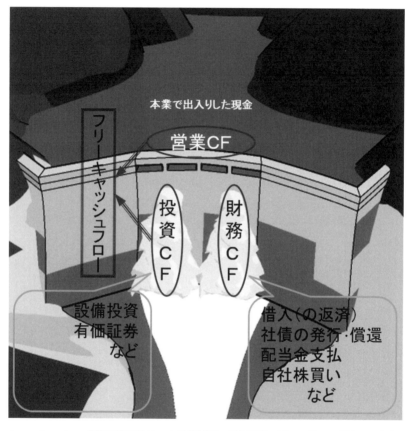

本業で出入りした現金

フリーキャッシュフロー

営業CF

投資CF

財務CF

設備投資
有価証券
など

借入（の返済）
社債の発行・償還
配当金支払
自社株買い
など

キャッシュフロー計算書(CFS)は，会社が年間の売上結果に対して残せた利益，現金(つまりキャッシュ)の流れ(フロー)を記録することで，お金の流れをとらえる書類です．図ではその現金(キャッシュ)の流れ(フロー)をダムの水を比喩にしています．

3 英日対訳 各種語彙 一覧

3.1 経済・経営・商学の英語

ビジネス関係語彙

1	経済成長率	economic growth rate
2	実質経済成長率	real economic growth rate; inflation-adjusted economic growth rate
3	名目経済成長率	nominal economic growth rate
4	国内総生産	gross domestic product 〈GDP〉
5	国民総生産	gross national product 〈GNP〉
6	国民総所得	gross national income 〈GNI〉
7	好景気	booming economy
8	景気回復	economic recovery
9	不景気	depression
10	景気後退	recession
11	失業率	unemployment rate
12	金利	interest rates
13	物価上昇率	inflation rate; price increase rate
14	消費者物価指数	consumer(s') price index 〈CPI〉
15	インフレーション	inflation
16	デフレーション	deflation
17	需給, 需要と供給	supply and demand; demand and supply
18	内需, 国内需要	domestic demand; internal demand
19	外需, 国外需要	external demand; foreign demand
20	先進国	advanced country; advanced nation
21	新興国	emerging country; rising nation
22	発展途上国	least developed (among) developing countries 〈LLDC〉; least less developed countries 〈LDDC〉; least developed (among) developing countries
23	株式市場	stock market, share market
24	株式 [証券] 取引所	stock [securities] exchange
25	先物取引	futures trading
26	投資信託	investment trust

27	配当(金)	dividend
28	利回り	yield
29	株式会社	《英など》plc → ((public)) (limited) company 〈Co.〉; 〈Ltd〉 // 《米など》corporation 〈Corp.〉; incorporated 〈Inc.〉
30	持株会社	holding company
31	情報開示	public disclosure
32	株式新規公開	initial public offering
33	発行済株式	outstanding shares
34	企業買収	takeover, acquisition, buyout
35	不渡り手形	bounced draft
36	合併と買収, M & A	mergers and acquisitions 〈M&A〉
37	友好的買収	friendly takeover [acquisition, buyout]
38	敵対的買収	hostile [contested] takeover [acquisition]
39	株式公開買付け, TOB	takeover bid 〈TOB〉, tender (offer)
40	年次報告書	annual report
41	収益	revenues, earnings
42	利益	profits
43	資産	assets
44	負債	liability
45	純資産	net assets; net worth
46	売上高	(net) sales
47	売上総利益, 粗利益	gross operating profit
48	経常利益	ordinary profit
49	営業利益, 事業利益	net operating profit; EBIT (= earnings before interest and tax)
50	税引き後営業利益	NOPAT (= net operating profit after tax)
51	純利益	net profit
52	買掛金	accounts payable
53	売掛金	accounts receivable
54	減価償却費	depreciation expense
55	財務諸表	financial statements
56	貸借対照表	balance sheet
57	損益計算書	profit-and-loss statement 〔【略】P&L statement; P/L statement〕, income statement
58	会計	accounting
59	(会計)監査	auditing
60	簿記	bookkeeping

61	簿記検定	license examination for bookkeeping
62	複式簿記	double-entry bookkeeping
63	仕訳	journalization
64	仕訳帳	journal (book)
65	勘定科目	account headings; account title
66	総勘定元帳	general ledger [G/L]
67	予算	budget
68	倒産	bankruptcy
69	債権放棄	debt forgiveness
70	不良債権	bad debt; nonperforming loans 〈NPLs〉
71	粉飾決算	accounting fraud; window dressing
72	源泉徴収	tax withholding; tax deduction at source
73	四半期	quarter
74	特許	patent
75	(売買の単位としての)株	share
76	(一社の全体の)株	stock
77	株主	stockholder 〈主に米〉; shareholder 〈主に英〉
78	投資家	investor
79	法人投資家	corporate investor
80	機関投資家	institutional investor
81	株主総会	general meeting of stockholders
82	公定歩合	official discount rate
83	債券	bond
84	無担保社債	debenture bond
85	担保付債券，抵当債券	mortgage bond
86	ソブリン債	sovereign bond
87	日本国債	Japanese government bond 〈JGB〉
88	米国短期国債	Treasury bill 〈T-bill; TB〉
89	米国中期国債	Treasury note 〈T-note〉
90	米国長期国債	Treasury bond 〈T-bond; TB〉
91	額面	face value
92	名目実効為替レート	nominal effective exchange rate
93	実質実効為替レート	real effective exchange rate
94	円高	appreciation of the yen; yen appreciation
95	円安	depreciation of the yen; yen depreciation
96	為替差損	foreign exchange loss
97	為替差益	foreign exchange gain [profit]

98	銀行口座	bank account
99	手形	bill; draft; note
100	為替手形	draft; bill of exchange 〈B/E〉
101	約束手形	promissory note 〈P/N〉 ; note of hand
102	[銀行] 小切手	cheque; check; [cashier's] check
103	小切手用口座, 当座預金口座	cheque [check] account
104	償還, 払い戻し	reimbursement
105	最高経営責任者	CEO (= chief executive officer)
106	最高業務執行責任者	COO (= chief operating officer)
107	証明書, 推薦状, 照会先, 身元保証人	reference
108	就労資格	employment eligibility
109	有給休暇	paid vacation
110	片道(切符)	one way
111	往復(切符)	round trip 〈RT〉
112	ストック・オプション, 自社株購入権	stock option
113	知人, 面識	acquaintance
114	商品保管倉庫	warehouse
115	経営者(側)	management
116	重役, 取締役, 役員	board member
117	取締役会	board of directors
118	残業(手当)	overtime
119	従業員福利厚生費	employee benefit(s)
120	年収	annual income [salary]
121	給与	pay
122	諸手当	fringe benefits, benefits (package)
123	賞与	(annual) bonus
124	所得税	income tax 〈IT〉
125	法人税	corporate (income) tax
126	事業税	enterprise [business] tax
127	(固定)資産税	(fixed) property [asset] tax
128	相続税	inheritance tax
129	贈与税	donation [gift] tax
130	消費税	consumption tax
131	付加価値税	value-added tax 〈VAT〉
132	酒税	liquor tax

133	たばこ税	tobacco tax
134	揮発油税	gasoline excise
135	自動車取得税	automobile acquisition tax
136	自動車重量税	automobile [car] weight tax; motor vehicle tonnage tax
137	自動車税	car [motor vehicle, automobile] tax
138	年末調整	year-end (tax) adjustment
139	保険	insurance
140	保険証書	insurance certificate [policy]
141	生命保険	life insurance; life assurance
142	損害保険	property (and casualty) insurance; non-life insurance
143	火災保険	fire insurance
144	地震保険	earthquake insurance
145	自動車保険	car [auto] insurance
146	雇用［失業］保険	employment [unemployment (compensation)] insurance
147	賠償責任保険	(public) liability insurance
148	会計期間	accounting period
149	消費者需要	consumer demand
150	経済大国	economic power
151	会計簿	account book
152	収益見通し，業績予想	earnings forecast
153	保険料	premium
154	保険契約者	insurant
155	需給バランス	supply-demand balance
156	借金	debt, loan

（　）は省略可，［　］は直前語（句）と交替可，〈　〉内は略語

3.2　数・単位の英語

	数字	英字
1	0	zero
2	1	one
3	10	ten
4	100	hundred
5	1,000	thousand
6	10,000	ten thousand
7	1,000,000	million
8	100,000,000	hundred million
9	1,000,000,000	billion
10	1,000,000,000,000	trillion
11	1,000,000,000,000,000	quadrillion
12	1,000,000,000,000,000,000	quintillion
13	第 1 の	first; 1st
14	第 20 の	twentieth; 20th
15	第 21 の	twenty-first; 21st
16	第 100 の	hundredth; 100th
17	第 101 の	hundred (and) first; 101st
18	1/2	① a half; ② a second
19	1/4	① a quarter; ② a-fourth
20	3/4	① three quarters; ② three-fourths
21	1/8	one-eighth
22	3/8	three-eighths
23	7 5/8	seven and five-eighths
24	727/1631	seven hundred twenty-seven over one thousand, six hundred thirty-one
25	5.83 billion	five point eight three billion
26	0.239	① (zero) point two three nine; ② two hundred thirty-nine thousands
27	5^2	five squared; five to the second power
28	x^3	x cubed; x to the third power
29	5^4	five to the fourth power
30	7 : 4	seven to four
31	I II III IV V VI VII VIII IX X	Roman
32	i ii iii iv v vi vii viii ix x	numerals
33	L C	

日本語

零

一

十

百

千

万

百万

億

十億

兆

千兆

百京

第 1 の

第 20 の

第 21 の

第 100 の

第 101 の

2 分の 1

4 分の 1

4 分の 3

8 分の 1

8 分の 3

7 か 8 分の 5

1631 分の 727

58 億 3 千万

零点 239

5 の 2 乗

x3 乗

5 の 4 乗

7 対 4

ローマ数字

1 から 10

50   100

	数字	英字
34	D M	
35	M M D C C L X X X VI	
36	MMCCCXLV	
37	kg = 1,000 g	kilogram
38	t = 1,000 kg	ton
39	oz = 1/16 lb (28.35 g)	ounce
40	lb = 16 oz (453.59 g)	pound
41	mm = 0.1 cm	millimeter
42	cm = 0.01 m	centimeter
43	m	meter; metre
44	km = 1,000 m	kilometer
45	in = 1/12 ft (2.54 cm)	inch
46	ft = 1/3 yd (30.48 cm)	foot, (pl.) feet
47	yd = 0.91 m	yard
48	mi, ml = 1.61 km	mile
49	m^2	square meter
50	a = 100 m^2	are
51	ha = 100 a	hectare
52	ac = 43,560 ft^2	acre
53	l, L = 10 cm^3	liter; litre
54	gal., gall.	gallon
55	bbl. (= 158.99 L)	barrel
56	bp, b.p. (=1/100%)	basis point

「数」関連の接辞　　(第2章6節(45)接頭辞一覧とも重複するものがあります)

	英字	日本語
57	mono-	単独の，単一の，一の，単分子の
58	uni-	一，単一
59	di-	二つ，倍(ギリシア語系)
60	bi-	2の(ラテン語系)
61	tri-	3…，3倍の，3重…
62	tetra-	4の
63	quad-, quadri-	4の

日本語
500　　1000
2,786
2,345
キログラム
トン
オンス
ポンド
ミリメートル
センチメートル
メートル
キロメートル
インチ
フィート
ヤード
マイル
平方キロ
アール
ヘクタール
エーカー
リットル
ガロン＝約4リットル
バレル（1樽の容量）
ベーシス・ポイント(毛)

例語	日本語訳
monoculture	単一栽培，単作，専作；単一栽培作物，単一文化
unibody	ユニボディ
dioxide	二酸化物
biathlon	バイアスロン
triangle	三角形，三角定規
tetragon	四角形
quadrangle	四角形

	英字	日本語
64	penta-	5 の
65	quinque-	5，五つの部分に
66	hexa-	6 の
67	sex(i)-	6 の
68	hepta-, hept	7 の
69	septi-	7…
70	octa-, octo-	8 の
71	ennea-	9 の
72	deca- *	10，10 倍
73	hendeca-	11 の
74	undeca-	11 の
75	dodeca-	12 の
76		
77	icosa-	20 の
78	exa-	10^{18}，100 京
79	twi-	双…，両…
80	duo-	双…，両…
81	deca- *	10 倍
82	hecto-	100 倍
83	kilo-	1000 倍
84	giga-	10 億倍，巨大な
85	peta-	1000 兆倍
86	tera-	1 兆倍
87	deci-	10 分の 1
88	centi-	100 分の 1
89	milli-	1000 分の 1
90	nano-	10 億分の 1，極微細な
91	pico-	1 兆分の 1
92	femto-	10^{-15}
93	poly-	多，複，過度，重合体
94	multi-	多い，多数［量］の，多種の，多数倍の

例語	日本語訳	
pentagon	五角形，米国国防総省	
quinquennial	5年に1度の，5年間続く	
hexagon	六角形	
sexidecimal	16進法の	
heptagon	七角形	
heptavalent	7価の	
octagon	八角形	
enneahedron	九面体	*novem-*
decathlon	10種競技	*decem-*
hendecahedron	十一面体	
undecagon	11角形	
dodecahedron	十二面体	
duodenum	十二指腸	*duode-*
icosahedron	二十面体	
1Em	10^{18} m	
twins	双子	
duopoly	(2企業による)複占，2国による覇権.	
decameter	デカメートル(10 meters)	
hectare	ヘクタール(100アール)	
kilometer	キロメートル	
gigabit	ギガビット	
petabyte	ペタバイト	
terabyte	テラバイト	
deciliter	デシリットル	
centimeter	センチメートル	
millimeter	ミリメートル	
nanometer	ナノメートル	
picosecond	ピコ秒	
femtosecond	1000兆分の1秒	
polyglot	数か国語対訳の	
multimedia	マルチメディア	

3.3 主要通貨一覧

コード	通貨英名	通貨名	通貨記号	国・地域	2015/1/3時点の 公定為替レート(単位:円)
ARS	Argentine peso(s)	アルゼンチン・ペソ	p.; $	アルゼンチン	¥14.09347
AUD	Australian dollar(s)	オーストラリア・ドル	A$	オーストラリア	¥97.57632
GBP	British pound(s)	UKポンド	£	イギリス	¥184.67964
CAD	Canadian dollar(s)	カナダ・ドル	$	カナダ	¥102.46488
CNY	Chinese yuan(s)	人民元	¥	中華人民共和国	¥19.41428
DKK	Danish krone(r)	デンマーク・クローネ	k., K, kn., kr.	デンマーク	¥19.39485
VND	dong	ドン	đ	ベトナム	¥0.00563
EUR	Euro(s)	ユーロ	€	欧州連合〈EU〉	¥144.60514
XAU	gold; Au.	金			
HKD	Hong Kong dollar(s)	香港ドル	HK$	香港	¥15.53322
HUF	Hungarian forint	フォリント	Ft	ハンガリー	¥0.45499
INR	Indian rupee(s)	インド・ルピー	Rs.	インド	¥1.90505
IDR	Indonesian rupiah(s)	ルピア	Rp	インドネシア	¥0.00963
CZK	Koruna (Koruny, Korunas, Korun)	チェコ・コルナ	Kč	チェコ	¥5.22440
MYR	Malaysian ringgit(s)	リンギット	RM	マレーシア	¥34.13850
MXN	Mexican peso(s)	メキシコ・ペソ	p.; $	メキシコ	¥8.09894
TWD	New Taiwan dollar(s)	ニュー台湾ドル[台湾元]〔繁:新臺幣〕	NT$	台湾[中華民国]	¥3.78729
NZD	New Zealand dollar(s)	ニュージーランド・ドル	$	ニュージーランド	¥92.75212
NOK	Norwegian krone(r)	ノルウェー・クローネ	k., K, kn., kr.	ノルウェー	¥15.88557
XPD	palladium; Pd.	パラジウム			
MOP	Pataca	パタカ[澳門幣]	$; p	マカオ	¥15.04726
PHP	Philippine peso(s)	フィリピン・ペソ	₱	フィリピン	¥2.68457
XPT	platinum; Pt	プラチナ			
PLN	Polish zloty(s)	ズウォティ[ズロチ]	zł	ポーランド	¥33.60059
ZAR	rand	ランド	R	南アフリカ	¥10.28222
BRL	Real (Reais)	レアル(レアイス)	R$	ブラジル	¥44.71682
RUB	Russian ruble(s)	ロシア・ルーブル	₽	ロシア	¥2.05153
XAG	silver; argent; Ag.	銀			
SGD	Singapore dollar(s)	シンガポール・ドル	S$	シンガポール	¥90.50177
XDR	special drawing rights 〈SDR〉	特別引出権		国際通貨基金〈IMF〉	
SEK	Swedish krona (kronor)	スウェーデン・クローナ	k., K, kn., kr.	スウェーデン	¥15.21880
CHF	Swiss franc(s)	スイス・フラン	CHF	スイス	¥120.28052
THB	Thai baht(s)	バーツ	฿	タイ	¥3.65211
MNT	tug[h]rik[c]	トゥグリク	₮	モンゴル	¥0.06383
USD	US dollar(s)	アメリカドル	$	アメリカ合衆国[米国]	¥120.48500
KRW	won	ウォン	₩	大韓民国	¥0.10859
JPY	yen	円	¥	日本	──
		国際通貨記号	¤		

( )内は複数形, 〔 〕は省略可, [ ]は直前語(句)と交替可, 〈 〉内は略語

2022/11/24時点の公定為替レート(単位:円)	通貨の補助単位	通貨名に対する価値	補助単位名	通貨記号
¥0.83870	centavo(s)	1/100	センターボ	C.
¥93.30420	cent(s)	1/100	セント	c
¥167.32240	penny (pence)	1/100	ペンス	p
¥103.58020	cent(s)	1/100	セント	₡
¥19.35840	jiao [chiao], mao [毛]; fen	1/10; 1/100	チァオ〈角〉; フェン〈分〉	
¥19.37090	øre	1/100	オーレ（エーレ）	
¥0.00560	hào; xu	1/10; 1/100	ハオ〈毫〉; シュウ〈樞〉	
¥144.06440	cent(s)	1/100	セント	c
¥17.69540	cent(s)	1/100	セント	c
¥0.34720	fillér [fillér(s)]	1/100	フィレール	f
¥1.69310	paisa (paise)	1/100	パイサ	
¥0.00880	sen	1/100	セン	
¥5.91460	Halér(u)	1/100	ハレル（ハレシュ）	
¥30.75450	sen	1/100	セン	
¥7.14270	centavo(s)	1/100	センターボ	C.
¥4.46810		1/10; 1/100	チァオ〈角〉; フェン〈分〉	
¥86.58010	cent(s)	1/100	セント	c
¥13.91240	øre	1/100	オーレ（エーレ）	
¥17.34150	avo(s)	1/100	アヴォ〈仙〉	
¥2.43650	sentimo(s)	1/100	センティモ	
¥30.65700	groszy; grosz(e) (groszy)	1/100	グロシ	
¥8.12780	cent(s)	1/100	セント	c
¥25.79240	centavo(s)	1/100	センターボ	C.
¥2.29000	kope[c]k(s) [copeck]	1/100	カペイカ（コペイカ）	k., K
¥100.59410	cent(s)	1/100	セント	c
¥13.22570	öre	1/100	オーレ	
¥146.56480	centime(s); Rappen; centesimo[i]	1/100	サンチーム; ラッペン; チェンテジモ	c.
¥3.87050	satang(s)	1/100	サタン	
¥0.04040	mongo(s)	1/100	モンゴー	
¥138.23700	cent(s)	1/100	セント	₡
¥0.10400	jeon; [chon]	1/100	전〈錢〉チョン	
——	sen	1/100	銭	

3.4 国名・首都名一覧

	Countries and Regions (国・地域)	国・地域の形容詞形	略語	
1	the United Arab Emirates ⟨U.A.E.⟩		UAE	.ae
2	Austria	Austrian	Aus.; Aust., Austr.	.at
3	Australia	Australian	Austl.	.au
4	Bangladesh	Bangladeshi		.bd
5	Belgium	Belgian	Bel, Bel.	.be
6	Bahrain	Bahraini	BAH	.bh
7	Brunei	Bruneian		.bn
8	Brazil	Brazilian	Braz.	.br
9	Bhutan	Bhutanese; Bhutani	Bhu.	.bt
10	Canada	Canadian	Can	.ca
11	Switzerland, the Swiss Confederation	Swiss	Swit., Switz.	.ch
12	Chile	Chilean; Chilian		.cl
13	China	Chinese; Sinitic		.cn
14	Czech	Czech		.cz
15	Denmark	Danish		.dk
16	Estonia	Estonian	Est	.ee
17	Spain	Spanish	Sp.	.es
18	European Union		EU	.eu
19	Finland	Finnish	Fin.	.fi
20	France	French; Gallic	F, F., Fr, Fr.	.fr
21	Greece	Greek; Grecian; Hellenic	Gr.	.gr
22	Hong Kong		HK, HKG	.hk
23	Croatia	Croatian		.hr
24	Hungary	Hungarian	Hung.	.hu
25	Indonesia	Indonesian		.id
26	Ireland	Irish	Ir., Ire	.ie

国・地域	漢字略称例		首都 英名	首都
アラブ首長国連邦	（阿拉伯首長国連邦）	971	Abu Dhabi	アブダビ
オーストリア	墺	43	Vienna	ウィーン
オーストラリア	豪	61	Canberra	キャンベラ
バングラデシュ	（孟）	880	Dhaka	ダッカ
ベルギー	白	32	Brussels	ブリュッセル
バーレーン	[巴林]	973	Manama	マナマ
ブルネイ	[芙莱]，（文莱）	673	Bandar Seri Begawan	バンダルスリブガワン
ブラジル	伯, 巴	55	Brasília	ブラジリア
ブータン	[不丹]	975	Thimbu [Thimphu]	ティンプー
カナダ	加	1	Ottawa	オタワ
スイス	瑞	41	Bern	ベルン
チリ	智	56	Santiago	サンチアゴ
中華人民共和国	中	86	Beijing [Peking]	北京
チェコ	[捷]	420	Prague	プラハ
デンマーク	丁	45	Copenhagen	コペンハーゲン
エストニア	[愛]，越斯名尼亜	372	Tallinn	タリン
スペイン	西	34	Madrid	マドリード
欧州連合				
フィンランド	芬	358	Helsinki	ヘルシンキ
フランス	仏	33	Paris	パリ
ギリシア	希	30	Athens	アテネ
香港		852		
クロアチア	[呉呂茶]，（克羅地亜）	385	Zagreb	ザグレブ
ハンガリー	洪, 匈	36	Budapest	ブダペスト
インドネシア	尼	62	Jakarta	ジャカルタ
アイルランド	愛	353	Dublin	ダブリン

	Countries and Regions (国・地域)	国・地域の形容詞形	略語	
27	Israel	Israeli	Isr.	.il
28	India	Indian	Ind.	.in
29	Iceland	Icelandic	Ice., Icel, Icel.	.is
30	Italy	Italian	It., Ital.	.it
31	Japan	Japanese	Jpn., Jap.	.jp
32	South Korea	South Korean		.kr
33	Luxemb(o)urg	Luxembourgian	L, Lux.	.lu
34	Mongolia	Mongolian		.mn
35	Mexico	Mexican	Mex.	.mx
36	Malaysia	Malaysian	M'sia	.my
37	the Netherlands ((Holland))	Dutch	Neth.	.nl
38	Norway	Norwegian	Nor(w).	.no
39	New Zealand		NZ	.nz
40	Oman	Omani		.om
41	Peru	Peruvian		.pe
42	Papua New Guinea 〈PNG〉	Papua New Guinean	PNG	.pg
43	the Philippines	Philippine; Filipino		.ph
44	Pakistan	Pakistani		.pk
45	Poland	Polish	Pol.	.pl
46	Portugal	Portuguese	Pg., Port.	.pt
47	Qatar [Katar]	Qatari; Katari		.qa
48	Romania, Rumania	Romanian; Rumanian	Rom.	.ro
49	Russia	Russian		.ru
50	Saudi Arabia	Saudi Arabian		.sa
51	Sweden	Swedish	Sw., Swe., Swed, Swed.	.se
52	Singapore	Singaporean		.sg
53	Slovenia	Slovene; Slovenian		.si
54	Slovakia	Slovak; Slovakian		.sk
55	Thailand	Thai		.th
56	Turkey	Turkish	Tur., Turk.	.tr

国・地域	漢字略称例		首都 英名	首都
イスラエル	[以色列]	972	Jerusalem (Tel Aviv)	エルサレム（テルアビブ）
インド	印	91	New Delhi	ニューデリー
アイスランド	氷	354	Reykjavík	レイキャビック
イタリア	伊	39	Rome	ローマ
日本	日	81	Tokyo	東京
大韓民国	韓	82	Seoul	ソウル
ルクセンブルク	[盧]	352	Luxembourg	ルクセンブルク
モンゴル	蒙	976	Ulan Bator	ウランバートル
メキシコ	墨	52	Mexico City	メキシコシティー
マレーシア	馬	60	Kuala Lumpur	クアラルンプール
オランダ	蘭, [荷]	31	Amsterdam; The Hague	アムステルダム，ハーグ
ノルウェー	諾	47	Oslo	オスロ
ニュージーランド	新	64	Wellington	ウェリントン
オマーン	[阿曼]	968	Muscat	マスカット
ペルー	秘	51	Lima	リマ
パプアニューギニア	(巴布亜新幾内亜)	675	Port Moresby	ポートモレスビー
フィリピン	比	63	Manila	マニラ
パキスタン	[巴]	92	Islamabad	イスラマバード
ポーランド	波	48	Warsaw	ワルシャワ
ポルトガル	葡	351	Lisbon	リスボン
カタール	[華太瑠]	974	Doha	ドーハ
ルーマニア	羅	40	Bucharest	ブカレスト
ロシア	露	7	Moscow	モスクワ
サウジアラビア	(沙地阿拉伯)	966	Riyadh	リヤド
スウェーデン	瑞典	46	Stockholm	ストックホルム
シンガポール	星	65	Singapore	シンガポール
スロベニア	(斯洛文尼亞)	386	Ljubljana	リュブリャナ
スロバキア	[斯拉仏克]	421	Bratislava	ブラチスラバ
タイ	[泰]	66	Bangkok	バンコク
トルコ	土	90	Ankara	アンカラ

128

	Countries and Regions (国・地域)	国・地域の形容詞形	略語	
57	Taiwan	Taiwanese		.tw
58	the United Kingdom (of Great Britain and Northern Ireland)	British	(the) UK	.uk
59	Vatican	Vatican		.va
60	Vietnam	Vietnamese	Viet.	.vn
61	South Africa	South African	SA, S.Af., S.Afr.	.za
62	the United States of America	US; federal; American	US(A)	

↑ 国別コード

( )は省略可, [ ] は直前語(句)と交替可, 〈 〉内は略語

国・地域	漢字略称例		首都 英名	首都
台湾	台	886	Taipei	台北，タイペイ
イギリス	英	44	London	ロンドン
バチカン	[和地関]，(梵蒂岡)	379		
ベトナム	越	84	Hanoi	ハノイ
南アフリカ	[南阿]	27	Pretoria(行政府)，Capetown(立法府)，Bloemfontein(司法府)	プレトリア，ケープタウン，ブルームフォンテーン
アメリカ合衆国(米国)	米	1	Washington, D.C.	ワシントンディーシー

↑ 国際電話国番号

3.5 不規則複数形（語尾変化が -s，-es 以外），単複同形名詞

	単数形	意味	複数形	
1	addendum	補遺，付録	addenda	NC
2	alga	藻	algae	NC
3	alumna	女子卒業生	alumnae	NC
4	alumnus	男子卒業生	alumni	NC
5	analysis	分析	analyses	NC
6	antenna	アンテナ，触角	antennae	NC
7	apex	頂点	apices	NC
8	appendix	付録，付表	appendices	NC
9	aquarium	水族館，水槽	aquaria	NC
10	automaton	自動機械	automata	NC
11	axis	軸，地軸	axes	NC
12	bacillus	桿菌	bacilli	NC
13	bacterium	細菌	bacteria	NC
14	basis	基礎，根拠	bases	NC
15	bureau	事務局，書き物机	bureaux	NC
16	cactus	サボテン	cacti	NC
17	chamois	シャモア，セーム皮	chamois, chamoix	NC
18	chassis	シャシー，車台	chassis	NC
19	codex	写本	codices	NC
20	concerto	協奏曲	concerti	NC
21	corpus	全集，身体	corpora	NC
22	crisis	危機	crises	NC
23	criterion	基準	criteria	NC
24	curriculum	教科課程，カリキュラム	curricula	NC
25	datum	データ	data	NC
26	diagnosis	診断	diagnoses	NC
27	focus	焦点	foci	NC
28	formula	方式，公式	formulae	NC
29	fungus	真菌類，菌類	fungi	NC
30	ganglion	神経節	ganglia	NC
31	genesis	起源，発生	geneses	NC
32	genus	類，属	genera	NC
33	hippopotamus	カバ	hippopotami	NC

	単数形	意味	複数形	
34	hypothesis	仮説	hypotheses	NC
35	index	指数，索引	indices	NC
36	isthmus	地峡	isthmi	NC
37	larva	幼虫	larvae	NC
38	libretto	(歌劇などの)台本，歌詞	libretti	NC
39	locus	位置	loci	NC
40	matrix	母型，マトリックス	matrices	NC
41	medium	媒体	media	NC
42	memorandum	メモ，覚書	memoranda	NC
43	moratorium	活動の一時停止	moratoria	NC
44	nebula	星雲	nebulae	NC
45	nemesis	元凶，因果応報	nemeses	NC
46	nucleus	核心	nuclei	NC
47	oasis	オアシス	oases	NC
48	octopus	蛸	octopi	NC
49	ovum	卵	ova	NC
50	parenthesis	丸括弧( )	parentheses	NC
51	phenomenon	現象	phenomena	NC
52	plateau	台地	plateaux	NC
53	portmanteau	旅行かばん	portmanteaux	NC
54	radius	半径	radii	NC
55	seraph	熾天使	seraphim	NC
56	stimulus	刺激	stimuli	NC
57	stratum	層	strata	NC
58	stylus	尖筆，スタイラス	styli	NC
59	syllabus	シラバス	syllabi	NC
60	symposium	シンポジウム	symposia	NC
61	synopsis	梗概	synopses	NC
62	tableau	活人画	tableaux	NC
63	tempo	速さ，テンポ	tempi	NC
64	terminus	終点，目的地	termini	NC
65	thesis	論旨，学位請求論文	theses	NC
66	trousseau	嫁入り道具	trousseaux	NC
67	ultimatum	最後通牒	ultimata	NC
68	vertebra	脊椎	vertebrae	NC
69	virtuoso	巨匠	virtuosi	NC

	単数形	意味	複数形	
70	vortex	渦	vortices	NC
101	calf	子牛	calves	G
102	child	子供	children	G
103	dwarf	ドワーフ，小人	dwarfs, dwarves	G
104	elf	エルフ，小妖精	elves	G
105	foot	足	feet	G
106	goose	ガチョウ	geese	G
107	half	半分	halves	G
108	hoof	ひづめ，蹄	hoofs, hooves	G
109	leaf	葉	leaves	G
110	life	生命，人生	lives	G
111	loaf	パンなどのひとかたまり	loaves	G
112	louse	シラミ	lice	G
113	man	男性，人間	men	G
114	mouse	ネズミ，ハツカネズミ	mice	G
115	knife	ナイフ	knives	G
116	ox	(去勢された)雄牛	oxen	G
117	quiz	クイズ	quizzes	G
118	scarf	スカーフ	scarves, scarfs	G
119	self	(yourselves, themselves なども同じ)自分	selves	G
120	shelf	棚	shelves	G
121	thief	泥棒	thieves	G
122	tooth	歯	teeth	G
123	wharf	波止場	wharves, wharfs	G
124	wife	妻	wives	G
125	wolf	オオカミ，狼	wolves	G
126	woman	女性	women	G

NC＝古典語系，G＝ゲルマン系

常に単数，常に複数，単複同形の名詞（典型例）

名詞（単数扱い）

201	advice	助言，アドバイス
202	aircraft	航空機
203	assistance	手伝い，アシスタンス
204	baggage	荷物，手荷物類
205	damage	損害
206	*data*	データ
207	economics	経済学 （接尾辞 -ics で学問分野などを表す場合です が，-ics の 's' は複数形の語尾ではありません.）
208	equipment	設備
209	evidence	証拠
210	furniture	家具
211	homework	宿題
212	information	情報
213	knowledge	知識
214	labor	労働
215	luggage	荷物，スーツケース類
216	machinery	機械類
217	means	手段
218	media	メディア，媒体
219	news	ニュース
220	series	シリーズ
221	technology	技術
222	trouble	障害，トラブル
223	work	仕事

名詞（単数形なのに複数扱い）

301	police	警察	LPft

名詞（常に複数形）

401	arms	武器
402	headquarters	本社，本部
403	surroundings	環境，surrounding は周り
404	glasses	メガネ
405	scissors	はさみ
406	pants	ズボン，スラックス，下着のパンツ
407	trousers	ズボン

単複同形の名詞

501	fish	魚
502	deer	鹿
503	sheep	羊
504	cattle	家畜の牛

3.6 色名について

	英語色名	カナ表記／カタカナ語など
1	amber	アンバー
2	apple green	アップルグリーン
3	apricot	アプリコット
4	aquamarine	アクアマリン
5	beige	ベージュ
6	black	ブラック
7	blond	ブロンド
8	blue	ブルー
9	blue-green, sea green	
10	bordeaux	ボルドー
11	brick red	
12	bronze	ブロンズ
13	brown	ブラウン
14	buff	バフ
15	burgundy	バーガンディ
16	carbon black	カーボンブラック
17	carmine	カーマイン
18	charcoal	チャコール
19	chocolate	チョコレート
20	claret	
21	cobalt blue	コバルトブルー
22	cocoa	ココア
23	cream	クリーム
24	crimson	クリムゾン
25	cyan	シアン
26	*dark [deep, navy] blue*	
27	*dark brown*	
28	*deep red*	
29	emerald green	エメラルドグリーン
30	fuchsia	フクシア
31	ginger	ジンジャー
32	gold	
33	golden yellow	ゴールデンイエロー

説明	語源*
琥珀色，薄黄色，黄褐色	R
澄んだ薄緑色	
あんず色，赤みを帯びた黄色	R
明るい緑み青，さびあさぎ色，アクアマリン，薄い緑青色，淡青緑色の	R
（ごく）薄いとび色	R
黒色	AS
うすいとび色，黄色がかったうす茶色，灰色がかった濃黄色，ブロンド色	R
青色，藍色，紺色，空色	OE & F
青緑色	
栗色，暗い茶色から紫がかった赤	F
赤レンガ色，黄色［茶色］がかった赤	
黄色がかった褐色	R
褐色，茶色，とび色，きつね色	AS
淡黄褐色，淡黄色，鈍い黄赤色	R
（暗い）赤ワイン色，赤茶褐色の，暗紅色，ブルゴーニュワインの赤色，赤茶褐色，暗紅色	R
カーボンブラック《黒色顔料》．	R
洋紅色	R
黒灰色，黒褐色，黒に近い色	ME
チョコレート色，濃褐色	R
赤紫，濃い紫がかった赤色	R
コバルトブルー，コバルト色，濃青色	G
ココア色，焦げ茶色	R
クリーム色，淡黄色，黄みをおびた白色	R
（やや紫に近い）深紅色，濃紅色，クリムソン．	R
青緑色，緑がかった青	Gk
紺色	
こげ茶色	
臙脂（えんじ）	
鮮緑色，エメラルドグリーン	R
明るい紫色，赤色がかった紫	
赤黄色，ショウガ色，黄味［赤味］がかった茶色，橙褐色，（頭髪の）赤色	OE & F
金色	AS
山吹色，こがねいろ，あざやかな赤みの黄，明るい黄色，鮮黄色，黄橙色	

	英語色名	カナ表記／カタカナ語など
34	gray, grey［英］	グレイ
35	green	グリーン
36	hazel	ヘーゼル
37	heliotrope	ヘリオトロープ
38	hyacinth	ヒヤシンス
39	indigo	インジゴ
40	ivory	アイボリー
41	jet [coal] black	
42	khaki	カーキ
43	lamp black	ランプブラック
44	lavender	ラベンダー
45	lemon yellow	レモンイエロー
46	*light [pale] blue; aqua (blue)*	
47	lilac	ライラック
48	madder	
49	magenta	マゼンタ
50	maroon	マルーン
51	mauve	モーブ
52	midnight blue	ミッドナイトブルー
53	milky white	
54	mountain green	マウンテングリーン
55	navy blue	ネイビーブルー
56	ocher, ochre	オークル
57	olive	オリーブ
58	orange	オレンジ
59	orchid	オーキッド
60	oyster white	オイスターホワイト
61	pansy	パンジー
62	peach	ピーチ
63	pearl	パール
64	pink	ピンク
65	poppy red	ポピーレッド
66	Prussian blue	プラッシャンブルー
67	purple	パープル
68	red	レッド
69	reddish brown	

説明	語源*
灰色，ねずみ色，薄黒色，鉛色	AS
緑色，草色，青	AS
淡褐色，はしばみ色，薄茶色	AS
薄紫色，赤紫，ヘリオトロープ色	R
（青みがかった）すみれ色	R
藍色	R
象牙色，アイボリー	R
漆黒	
黄土色，カーキ色	Hindi
ランプブラック	R
薄紫色，藤色	R
淡黄色，檸檬色	R
水色	
紅藤色，赤みがかった薄紫色	R
茜色，赤黄色	AS
深紅色，赤紫色	R
栗色，えび茶	R
藤（紫）色，薄い青みがかった紫	R
暗いダークブルー，暗青色	AS
乳白色	AS
マウンテングリーン，岩緑青，鮮緑色，青竹（あおだけ）色，黄緑色	R
濃紺色，紫・灰色の混ざった濃紺色	R
黄土色，オークル，オーカー	R
オリーブ色，くすんだうすい黄緑色	R
赤黄色，赤茶色，橙色，オレンジ	R
淡紫色，薄紫色	R
生牡蠣色，オイスターホワイト，やや灰味のある白色	R
すみれ色	R
（黄色がかった）桃色，ピンク色.	R
真珠色	R
桃色，とき色，石竹色	
けし，黄赤色，オレンジがかった赤色	AS < L
紺青色，深青色	R
紫色，深紅色	AS < L
赤色	AS
小豆色，海老茶色	

	英語色名	カナ表記／カタカナ語など
70	rose	ローズ
71	salmon pink	サーモンピンク
72	sapphire	サファイア色
73	scarlet	スカーレット
74	sepia	セピア
75	silver	シルバー
76	silver gray	シルバーグレイ
77	sky blue	スカイブルー
78	steel gray	スチールグレイ
79	strawberry	ストロベリー
80	tan	タン
81	terra-cotta	テラコッタ
82	turquoise blue	ターコイズブルー
83	ultramarine blue	ウルトラマリン
84	vermilion	バーミリオン
85	violet	バイオレット
86	viridian	ビリジアン
87	white	ホワイト
88	wine red	ワインレッド
89	wistaria	ウイスタリア
90	yellow	イエロー

	続く色名を修飾する語
101	dark, deep ＋ 色名
102	light, pale ＋ 色名
103	lively, vivid ＋ 色名
104	bright ＋ 色名
110	transparent
111	semitransparent, translucent

* AS＝Anglo-Saxon系, R＝Romance系；OE(古英語), ME(中英語), F(仏語), GK(希語), L(羅語), Hindi

説明	語源*
薔薇色，ばら色，淡紅色	AS < L
鮭肉色，サーモンピンク	F
サファイア色	R
緋色，深紅色	R
セピア色，暗褐色	R
銀色	AS
銀白色，銀灰色，うすい灰褐色	
空色，スカイブルー	AS
鉄灰色，青みがかった金属性灰色	AS
いちご色，赤みがかった色	AS
黄褐色，淡褐色，日焼けした色；黄褐色，タン皮色，渋色	AS < L
テラコッタ色，赤褐色	R
ターコイズブルー，トルコ石空色，青緑色，明るい緑がかった青	R
群青色，瑠璃色，濃青色	R
朱色	R
菫色，すみれ色，青紫色	R
青緑色，青みがかった緑色	R
白色，青白色，帯白色	AS
ワインカラー，(赤)ぶどう酒色，暗赤色	AS < L
(やや青みが強い)藤色	
黄色	AS

濃い	
薄い	
鮮やかな	
冴えた	
透明な	
半透明の	

(ヒンディー語)

4 英文レターの様式 一例

　ここで示した様式が唯一ではありませんが，丸番号を付した各部分，パーツはいずれかの順序で使われると考えましょう．

（⓪レターヘッド）

① 差出人住所

② 日付

③ 受取人住所・氏名・肩書

④ 頭語
⑤ 本文

⑥ 結語

⑦ 署名
⑧ 差出人氏名

この様式を基本に，E-mail にはメールアドレスや件名が，またファクス (facsimile) には電話番号や FAX 番号が加わります．

(⓪ **Letterhead**)

① **Sender's Address**

② **Date**

③ **Inside Address**

④ **Salutation**
⑤ **Body (of the Letter)**

⑥ **Complimentary Close**

⑦ **Signature**
⑧ **Sender's Name**

封筒について

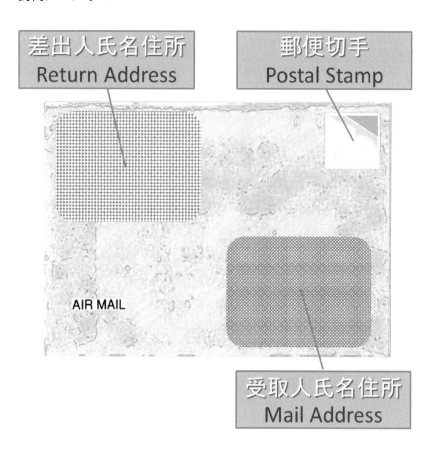

差出人氏名住所
Return Address

郵便切手
Postal Stamp

AIR MAIL

受取人氏名住所
Mail Address

5　洋劇画の英語　凡例

[洋劇画タイトル]　　　　　　　　1：43：45--1：48：10（4：25）

日本語字幕（該当字幕なしは，＠＠＠＠＠＠＠＠＠＠＠）
日本語吹替台詞（日本語音声）
英語字幕≒英語台詞（**英語音**声）
逐語的日本語訳

該当シーンの時間表示

①英音・日字　　②英音・英字　　③日音・英字　　④日音・日字

☆☆☆☆☆☆☆☆.　　　　　　　　←　日本語字幕
★★★★★★★★★★★.　　　　←　**日本語吹替台詞**
Do you have an appointment?　　←　英語字幕≒英語台詞
✪✪✪✪✪✪✪✪✪✪✪✪✪✪✪✪✪✪.　←　逐語的日本語訳

☆☆☆☆☆☆☆☆.　　　　　　　　←　日本語字幕
★★★★★★★★★★★.　　　　←　**日本語吹替台詞**
We'd better get out of here.　　←　英語字幕≒英語台詞
✪✪✪✪✪✪✪✪✪✪✪✪✪✪✪✪✪✪.　←　逐語的日本語訳

第4章

日英対照表示 小レポートの作成事例

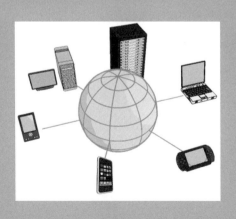

詳 細 目 次

1 はじめに

本章では，大学「教養」課程の1科目を想定し，具体的にウェブ上の英文サイトをレポート素材として使用する設定で，一定の手順や書式を独自に定め，それに従い以下の順序で，レポート(『自由課題レポート』と呼ぶことにしています.)作成を図解します.

また，本レポートに取り組むにあたっては，大学アカウントのGmail(学籍番号 @hokkai.ac.jp)と，LMS(Learning Management System)(学習管理システム)(現在は，CoursePower(コースパワー)というシステム)へのログインとが必須の要件となります.

1.1 『自由課題レポート』の様式実例

ここではごく短い事例ですので，そのまま素材として使うわけにはいかないのですが，例えば1.1.1の英文を例にしてみますと，いろいろあるワープロ・ソフトウェアの中でも，例えばマイクロソフト社の『ワード』の初期状態で開く<u>A4縦</u>のフォーマットに，1.1.2，1.1.3のように作成していきます.

1.1.1 英文例(原文)

Dear Shouko Hokkai,

Thank you for purchasing from www.electrobuy.com. By purchasing electronic content through our service, you have purchased the rights to access the contents on our website.

Please note that this purchase was made anonymously as a guest.
Once your website session ends or the browser window is closed, you will no longer have access to the items you have purchased.
To have access to the items in the future, you must associate your order to an account. Follow the link below and log in or register for a new account.

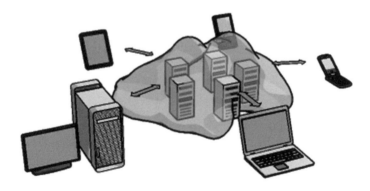

1.1.2　表紙・要旨（A４縦）

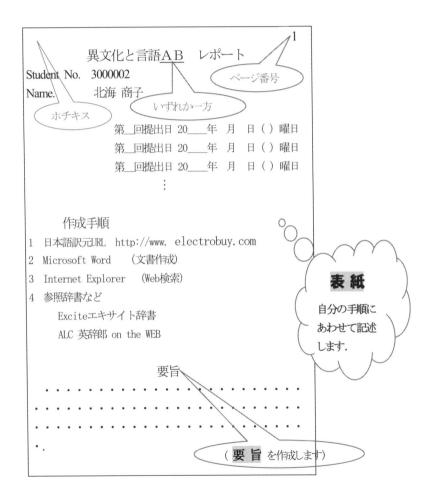

1.1.3 本体(本文)(Ａ４縦)

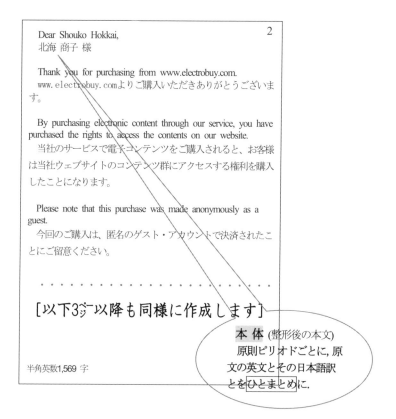

> Dear Shouko Hokkai,
> 北海 商子 様　　　　　　　　　　　2
>
> Thank you for purchasing from www.electrobuy.com.
> www.electrobuy.comよりご購入いただきありがとうございます。
>
> By purchasing electronic content through our service, you have purchased the rights to access the contents on our website.
> 当社のサービスで電子コンテンツをご購入されると、お客様は当社ウェブサイトのコンテンツ群にアクセスする権利を購入したことになります。
>
> Please note that this purchase was made anonymously as a guest.
> 今回のご購入は、匿名のゲスト・アカウントで決済されたことにご留意ください。
>
> ・・・・・・・・・・・・・・・・・・・・・・・・
> ［以下3ページ以降も同様に作成します］
>
> 半角英数1,569 字

本 体 (整形後の本文)
原則ピリオドごとに, 原文の英文とその日本語訳とをひとまとめに.

通常は表紙・要旨と本文とで, **WORD** の標準フォーマットでＡ４縦 3～4 ページくらいに収まる英文を選びます.

1.2 レポート作成の目的

　レポート作成の目的は，平易な英文をわかりやすい日本文に移すこと，その成果として，前述の 1.1.2, 1.1.3 のように，【表紙・要旨・本体】をセットで作成し，パーソナル・コンピュータ(以下，PC)などの機器操作をしながら発表し，受講生で鑑賞・批評することです．

1.3 レポート作成の 3 つの手順(A〜C)

　PC に向かい，英文ホームページを理解しようとする場合，受講生のみなさんが持つ，以下の 2 点を物差しにして，

　・ソフトウェアを使いこなす能力 ……………………①
　・英語の日本語訳能力 …………………………………②

日本語訳の手順を，概略以下の A から C に分類できるでしょう．①はソフトウェア運用知識と，機械翻訳の正否にかかっています．②は人間翻訳であり，この場合，日英語の知識とその運用力に依存するでしょう．

A　該当の英文ホームページに対し，市販などの日英・英日翻訳ソフトウェアを使用します．しかし，各翻訳ソフトの機能・性能は，まちまちでしょう．
　　受講生のみなさんに①の能力があればよいですが，②の能力を欠いては，翻訳処理後，出力された日本語訳文を自らチェックできないでしょう．

B　日本語訳を補助するソフトウェアを使用します．たとえば，ハードディスクにインストールされた英語辞書ソフトウェアや，専用の検索ソフトウェア付き DVD-ROM/CD-ROM 版辞書を参照します．それにより，受講生のみなさんの基礎英語力を主なより所にして，日本語訳していきます．

　　受講生のみなさんに①と②との能力が，普通にあればよいでしょう．できあがった日本語訳文を確認するのは，②次第である点は A と同じです．

C　ホームページ上で使用できるウェブ英語辞書や(書籍の)英語辞書で英単語をひきながら，受講生のみなさんの英語力により日本語訳していきます．

　　受講生のみなさんが①の能力よりも，②の能力を適度に備えている場合．

　あるいはこれらの手順を織り交ぜて運用することになるかもしれません．実際に日本語訳の際には，品詞を手がかりに英単語間のつながりを確認するはずですので，英語の品詞とそれらの関係について知っておく必要があります．この解説は第 1 章を参照しましょう．

　いずれにしましても，取り組みやすい英文，つまり日本語に訳しにくい表現の少ない英文を見つけ出し，日本語訳として申し分の無い結果を残すようにしましょう．

1.4 レポート課題としての要件

機械翻訳による日本語のままではない，より自然でより正確な日本
語訳を求めることです．

1.5 【任意】レポート作成(『自由課題レポート』)工程
1.5.1 前期セメスターの日程

『自由課題レポート』工程
4節の「自由課題レポートの作成と提出」を参照
原文提出　6月24日　締切
↓
原文許可受講者のみに電磁的方法で通知
～6月29日
6月29日までに通知がない場合,
レポート作成はキャンセルされたものとします.
↓
自由課題レポート第1回提出　7月10日　締切
↓
添削後,受講者に返却
↓　↑
修正後,講義担当者に(再)提出
↓
自由課題レポート提出　7月27日　最終締切
7月28日以降は受理しませんので,
それまでのレポート内容で評価します.

　上記3.2.1の選定条件を逸脱した場合や,この3回の提出締切のいずれかにでも遅れますと,自由課題レポート作成と講義の評価は自動的にキャンセルされます.

1.5.2 　後期セメスターの日程

『自由課題レポート』工程
4 節の「自由課題レポートの作成と提出」を参照
原文提出　<u>10 月 23 日　締切</u>
↓

原文許可受講者のみに電磁的方法で通知
<u>〜10 月 31 日</u>
10 月 31 日までに通知がない場合，
レポート作成はキャンセルされたものとします．

↓

自由課題レポート第 1 回提出　<u>11 月 13 日　締切</u>
↓

添削後，受講者に返却
↓　　↑
修正後，講義担当者に(再)提出
↓

自由課題レポート提出　<u>12 月 18 日　最終締切</u>
12 月 18 日以降は受理しませんので，
それまでのレポート内容で評価します．

　<u>上記 3.2.1 の選定条件を逸脱した場合や，この 3 回の提出締切のいずれかにでも遅れますと，自由課題レポート作成と講義の評価は自動的にキャンセルされます．</u>

2 大学内 PC のネットワーク

2.1 大学内の LMS(Learning Management System)と PC

　毎年更新配布されています冊子,『学内ネットワーク利用ガイドブック』を参照してください. ホームページ(以下, HP)上でも参照できます.

　現在の LMS, CoursePower は学内システムの更新・変更に合わせて, 別のオンライン・システムへ変更される可能性もありえますので, その際には新システムで相当する機能に読みかえる必要が生じるでしょう. 現在は 2.1.2 の CoursePower で運用しているものとします.

　グーグルクラスルームが運用されている講義・授業もあることでしょうが, 大学として導入しているという意味のシステムではありません. 大学アカウントの Gmail はこれと連携して便利に使えます. しかしながら, いずれも CoursePower と連動していません.

　また余談ですが, PC は水分に弱いので, 飲み物などの扱いには気を付けましょう.

2.1.1 ポータル・サイトについて

　大学のポータル・サイトについては, HP や冊子,『学内ネットワーク利用ガイドブック』を参照してください.

2.1.2 コースパワー(CoursePower)について

　CoursePower については, HP や冊子,『学内ネットワーク利用ガイドブック』を参照してください.

2.1.3 ムードル(Moodle)について

　Moodle については, HP や冊子,『学内ネットワーク利用ガイド

ブック』を参照してください.

2.1.4 大学アカウントの Gmail について

大学アカウントの Gmail については，HP や冊子，『学内ネットワーク利用ガイドブック』を参照してください.

2.1.5 インターネット接続 PC とコンピュータ・セキュリティ

大学施設内の設置機器でレポート作成する場合は，インターネットに接続している PC を使用しますが，必ずみなさん自身に割り振られた ID(学籍番号)，おのおのでそれぞれに設定してあるパスワードでログイン・ログオフして下さい.そうではなく，学外でインターネットやワープロソフトなどを使い，レポートを作成するのみであるというならば，受講生のみなさんの PC のみで仕上げていくこともできます.学内・学外の機器を交互に使用するなどしても問題ありません.

大学内のインターネット接続 PC については，セキュリティ・ソフトウェア他の導入と保守とは，常に整っていることが前提ですので，気に留める必要はありません.

受講生のみなさんの PC で作業する際に，特に留意してもらうことは，市販などのセキュリティ・ソフトウェアのインストールと，その最新状態を維持してもらうことです.インターネット・セキュリティの軽視は，みなさん方のみならず，他の人たちにも大きな損害をもたらすことがありえるからです.

2.2 大学内ファイル・サーバー

大学内のファイル・サーバーを利用して，PC ファイルなどの受け渡しができます.本章の手順で使用する必要はありません.詳細につ

いては，冊子『学内ネットワーク利用ガイドブック』の該当ページを参照してください．

2.3 ファイルのコピー操作など

　ファイルのコピー操作などは，Windows XP では「スタート　→　すべてのプログラム　→　アクセサリ　→　エクスプローラ」を，また，Windows 7 では「スタート　→　すべてのプログラム　→　アクセサリ　→　エクスプローラ」を，さらに，Windows 10 では「スタート　→　Windows システムツール　→　エクスプローラ」を起動したり，あるいは，デスクトップにあれば「マイ　コンピュータ」を開くなどして行います．そして，Windows 11 では「スタート　→　すべてのアプリ　→　エクスプローラー」を起動するなど，これについても冊子『学内ネットワーク利用ガイドブック』の該当ページが参考になります．

2.4 レポート・ファイル提出先

　後述しますが，受講生のみなさんがレポートを作成していき，講義担当者に提出する段階へ移り始めますと，**LMS**(CoursePower) の提出リンクを利用してもらいます．学内システムの更新・変更に合わせて，別のオンライン・システムへ変更された場合は，その新システムで相当する機能に読みかえてください．図 2-1 を開くと，

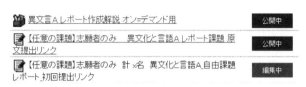

図 2-1　**CoursePower** の提出リンク

図 2-2, 図 2-3 があらわれ提出できるようになっています.

| レポート | 提出 | 一時保存 |

| 提出期間 | 2022/05/01（日）00:00 から2022/06/24（金）24:00 まで | | |
| 状況 | 未提出 | 提出後の訂正 | 可(回数制限なし) |

課題文

【任意の課題】志願者のみ
＜シラバスの評価欄にある、15％分のレポート課題＞

まず参考ファイルを読み、レポート作成に取り組むか否かを決め、作成する場合には、以下の工程に沿って各々の期限厳守で取り組んでください。

図 2-2　**CoursePower** の提出リンクを開いた画面 1（一部）

回答内容

	※ファイル容量は合計で10Mバイトまでに制限されています。	
提出ファイル名		参照
		参照
		参照
	ファイル追加	

コメント

図 2-3　**CoursePower** の提出リンクを開いた画面 2（一部）

さらに具体的には, 3.3.4 および 4.1 で解説します.

3 『自由課題レポート』作成解説

ここからは，レポート作成を具体的に説明します．

3.1 『自由課題レポート』作成チャート

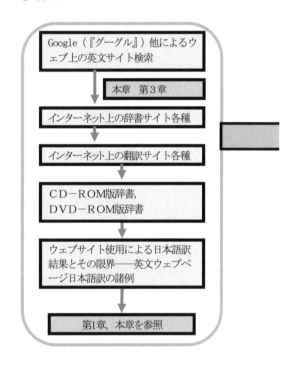

図 3-1　レポート作成の素材・資料の解説

165

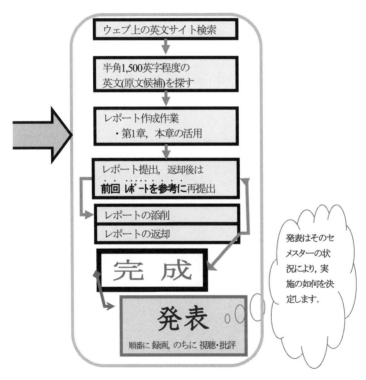

図 3-2　レポート作成・提出の手順

166

　図4-4は，レポート作成に必要な準備や約束事，そして使用できる比較的身近な素材(教材)を示しています．

　図4-5は，それら素材を用いて，実際にレポート作成を進めていく手順を述べています．

　それでは，この手順について以下でさらに解説していきます．

3.2　提出・再提出の手順解説─具体的な受け渡し─

　ここでは，図4-5全体を上から下へ順を追って説明しましょう．「原文候補」を選定する詳細については，4節を参照してください．

　まず，ウェブ上の英文サイトを検索し，アルファベットの文字数で半角1,500英字前後の英文(これらを「原文候補」とします．)を探しましょう．

3.2.1　原文の選定と提出

　受講生のみなさんは英文ウェブサイトから，アルファベットの文字数で半角1,500英字前後の英文を2〜3件ほど選び，念のため予備を含め一番安価なもので結構ですので，**USB**メモリ2つ以上に，みなさん各自でバックアップ保存しておきましょう．USBメモリ内のファイルは一度削除すると「ゴミ箱」に入らず，直接完全に削除されてしまうことが普通ですので注意して下さい．

　本授業内では，これらの英文を原文と呼ぶことにします．各原文内には，引用元のURLを貼り付けるようにしてください．それが無け

れば受理しないこととなります．これらの原文を，コースパワーの提出リンクに提出します．

注意事項として，語法が特殊なので新聞サイト・ニュースサイトや辞書(Wikipaedia の類いなど)サイトは絶対に避けてください．新聞サイトやニュースサイトは見かけではそれとわかりづらい場合も多いので，よく調べてみてください．これらを原文として提出した場合，受理せずに自動的に『自由課題レポート』作成者から外されることがありますので留意しておいてください．

次に原文候補を探す具体的な方法を説明しましょう．

3.3 原文候補探しの手順

ここでは，図 3-1 の最上段部の「ウェブ上の英文サイト検索」の検索エンジンに『グーグル』を用いる設定で進めます．検索方法，各種ワープロソフトへの連携操作から，作成レポートの体裁を解説します．その他，各種参考サイトの受講生向けリンク集を紹介する機会もあるでしょう．

3.3.1 グーグルでの英文サイトの検索

まず図 3-3 のように，いずれかのブラウザ・ソフトウェアで，グーグル初期検索画面を表示します．URL は 6 節を参照しましょう．

いずれのキーワードでも構いませんので，とにかく何か文字を入力して検索をかけてみますと，

図 3-3 『グーグル』の画面(部分)

図 3-3 の画面右端上部には，図 3-4 の［ログイン］ロゴと歯車マーク
がみえます．この歯車マークの方をクリックしてください．

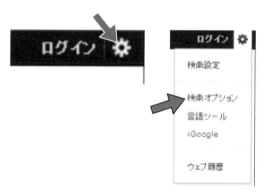

図 3-4 『グーグル』画面右上の歯車マーク

メニューがプルダウンして，そこに現れた検索オプションボタンをク

リックしますと，図3-5の画面に移ります．画面の［言語］のプルタ
ブから「英語」を選択します．別の講義で学んでいるように，［検索
するキーワード］(「すべてのキーワードを含む」・「フレーズを含む」・
「いずれかのキーワードを含む」・「キーワードを含めない」)を考えな
がら，半角文字で英語キーワードを入力して，受講生のみなさん各自
に適した，半角1,500英字前後の英文を探していきましょう．英語
キーワードを入力する際に，検索する英語表現を直接入力するのもよ
いですし，またウェブ上の和英辞典などを使い，キーワードにふさわ
しい英語表現をみつけてみるのもよいでしょう．

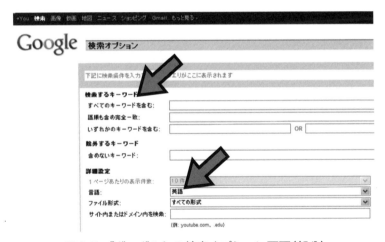

図3-5　『グーグル』の検索オプション画面(部分)

3.3.2 ブラウザのウェブページから各種ワープロソフトへの貼り付け

Windows XP の場合

まず「スタート　→　すべてのプログラム　→　アクセサリ　→メモ帳」で,『メモ帳』を開く. また, 同時にワープロソフト,『ワード』を起動しておきましょう.

Windows 7 の場合

まず「スタート　→　すべてのプログラム　→　アクセサリ　→メモ帳」で,『メモ帳』を開く. また, 同時にワープロソフト,『ワード』を起動しておきましょう.

Windows 10 の場合

まず「スタート　→　Windows アクセサリ　→　メモ帳」で,『メモ帳』を開く. また, 同時にワープロソフト,『ワード』を起動しておきましょう.

Windows 11 の場合

まず「スタート　→　すべてのアプリ　→　メモ帳」で,『メモ帳』を開く. また, 同時にワープロソフト,『ワード』を起動しておきましょう.

次にブラウザのウェブページに戻り, 図 3-6 のようにマウスで文字情報の箇所のみを正確に範囲指定して, その範囲指定した任意のエリア内で右クリックしてください. 右クリックして現れるサブメニューの矢印部「コピー(C)」を選択します.

図 3-6　ウェブページの文字情報をマウスで範囲指定し右クリックした画面

　『メモ帳』に移り,「編集(E)　→　貼り付け(P)」を選択します.
そのあとで,「編集(E)　→　すべて選択(L)」をクリックし,「編集
(E)　→　コピー(C)」を選択し,『ワード』に移りましょう.『ワー
ド』のバージョンにより多少操作が違いますが, 結果は同じことです.
　『ワード』に移ったら, 図 3-7 のように「編集(E)　→　形式を選
択して貼り付け(S)」を選択します.

図 3-7　『ワード 2003』の「編集(**E**)」画面(部分)

172

　または，図3-8の左端の方に注目し，図3-9の(A)の部分ではなく，(B)の箇所をクリックすると，(C)が現れますので，「形式を選択して貼り付け(S)」を選択します．

図3-8　『ワード』画面最上部（部分）

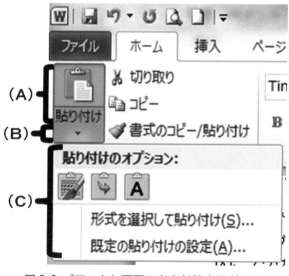

図3-9　『ワード』画面の左上部拡大図（部分）

　このあとで，図3-10 や図 3-11 が現れます．ここで，「テキスト」を選択して，「OK」ボタンをクリックしましょう．

図 3-10　『ワード 2003』の「…貼り付け(**S**)」画面

図 3-11　『ワード』の「…貼り付け(**S**)」画面（部分）

これで余分な書式情報を除いた文字情報のみが，『ワード』に貼り付けられますので，「ツール(T)　→　文字カウント(W)」コマンドを使って，1,500 英字前後の英文を探していきます．この手順を繰り返して，3 件ほどの英文(原文候補)に絞り込んでいきましょう．

3.3.3 『メモ帳』・『ワード』での「保存」

「ファイル(F)　→　名前を付けて保存(A)」で，ファイル名を入力し，.docx ファイル，.doc ファイルや.txt ファイルとして，まずは作業中の PC に保存してください．その後すぐに USB メモリーなど外部ディスクにバックアップ保存してください．

ファイル名の付け方は，次の 3.3.4 を参照しましょう．

レポート・ファイルの誤消去や，USB メモリーの紛失などの不測の事故に備えるため，レポート・ファイル保存用の USB メモリーなどは，2 つ以上用意し，また，編集したファイルのバックアップは，こまめに実行するようにしてください．

3.3.4 原文候補ファイルのファイル命名規則

保存ファイル名は，「原文候補」ファイルの場合には，次のようにしてください．ファイル名の半角ドット直後にある，末尾の半角 3 文字は，「拡張子」といいます．拡張子は，それぞれいずれのファイル形式で保存したのかを教えてくれる目印ですので，重要です．

3xxxxxx_ 氏 名 _ 原文候補 01.txt
3xxxxxx_ 氏 名 _ 原文候補 01.doc　　　（『ワード 2003』までで保存した場合）
3xxxxxx_ 氏 名 _ 原文候補 01.docx　　（『ワード 2007』以降で保存した場合）

> …原文候補 01〜
> 「網掛け」部は，半角モードで入力します.
>   保存ファイルが増えるごとに，2桁の数字
> を次のように変えていきましょう.
> （01 → 02 → 03 → 04 → 05…）

　［.txt］であれば，『メモ帳』で保存したテキスト・ファイルです
し，また，［.doc］であれば，『ワード 2003』までで保存したワード・
ドキュメント(ワード文書)ですし，［.docx］であれば，『ワード 2007』
以降で作成したワード・ドキュメント(ワード文書)です．他のアプリ
ケーション・ソフトで保存する場合にも，それぞれの拡張子が付くこ
とになります．「原文候補」ファイルは，これらのいずれの形式で保
存しても構いません．

　「0」(ゼロ)と「O」，「o」(オー)との区別，また小文字の「l」(エル)と大文字の
「I」(アイ)との区別には，よく注意してください．

　ただし，Apple 社，あるいは Macintosh 系の保存ファイルは，必ず
テキスト・ファイルか，ワード・ドキュメント(ワード文書)に変換し
てください．

　またさまざまなオフィス互換ソフトウェアも存在します．パッケー
ジ版もダウンロード版もいろいろあります．それらは価格もかなり安

めで，例えばワープロ・ソフトウェアですと，『ワード』のファイル形式と互換・同等を謳っているものが多いです．このレポートに関してはそれらのソフトウェアを使用しても構いませんが，学内施設内のPCなどの『ワード』で確実に開けることを確認して下さい．学内コンピュータの整備状況にあわせた提出ファイル形式を意識して，ファイルの受け取り側が開けず困ることがないような手順を考えておきましょう．できれば，提出前に学内PCの『ワード』で開いて保存し直したファイルで提出するくらいのことをしてもらうと間違いないでしょう．

このあとは，3.2.1 の手順です．

原文候補ファイルの提出は LMS 経由ですので，すでに示した 2.4 の図 2-1〜図 2-3 にあるリンクを使用してください．

4　自由課題レポートの作成と提出

　図3-2などでも示しましたが，自由課題レポートの提出は一度きりではなく，添削・返却と再提出とを作成期間中ずっと繰り返して仕上げていくことになります．受講生のみなさんが提出・再提出する際には，ふつうは第1回目とそれ以降の提出とで手順は違います．これは講義担当者の添削の便宜を図るために必要と考えてください．

4.1　自由課題レポートファイルのファイル命名規則と(第1回)提出

　『自由課題レポート』ファイルのファイル名の付け方は，3.3.4の原文候補ファイルのファイル命名規則に準じて，以下のようにしてください．

3xxxxxx_ 氏名 自由課題 01.doc　　（『ワード 2003』までで保存した場合）
3xxxxxx_ 氏名 自由課題 01.docx　（『ワード 2007』以降で保存した場合）

> …自由課題 01〜
> 「網掛け」部は，半角文字で入力します．
> 　保存ファイルが増えるごとに，2桁の数字を変えていく．
> (01 → 02 → 03 → 04 → 05…)

第1回目の提出のみは，すでに示した2.4の図2-1〜図2-3にあるリンクを使用して提出してください．

4.2　講義担当者による添削

　受講生のみなさんから提出されたファイルを，講義担当者は A4 縦サイズで PDF 化し，その PDF で添削します.

4.3　受講生へ『自由課題レポート』添削済 PDF の返却

　「学籍番号 @hokkai.ac.jp」の大学アカウント E メールで，講義担当者が受講生のみなさんに個別に添削済みの PDF を添付送信します.

4.4　『自由課題レポート』の修正

　受講生のみなさんは返却された添削済み PDF(『自由課題レポート』)を参考にして，第 1 回提出ファイルを修正してください.

4.5　『自由課題レポート』受け渡しの注意事項

4.5.1　提出の前に

i　固有名詞やカタカナ語とする日本語訳表現は，英単語の区切りに合わせて，必要に応じ「・」を入れてください.

ii　日本語訳文では英語アルファベットの表現をそのまま使用せず，どうしてもやむを得ない場合を除いて，できるだけカタカナ語などの定訳を見つけるようにしてください.

iii　「です・ます体」か，「だ・である体」かの，いずれかで統一してください.

iv　句点は「.」ではなく「。」を，また読点は「,」ではなく「、」を使用しましょう.

v　「：」「；」「,」は日本語訳文で極力使わないようにしてください.

4.5.2 返却レポートの添削箇所について

vi 　〜〜〜〜〜印の箇所は入れ替える印です.

vii 　「○と○」,「□と□」,「＿と＿」などのように書き入れた各目印は，英文・日本語訳文でほぼ対応するよう添削しますので，これらとおぼしき印を見付け修正していってください. 例えば，日本語訳が不十分であったり，誤っていたり，抜けていたりした箇所と想定しましょう.

viii 　段落左右に付した「？…？」で囲まれた訳文は全体を作り直す必要があります.

4.6 　自由課題レポートファイルの再提出（第 2 回目以降）

修正した『自由課題レポート』ファイル（群）を，添削済 PDF の送信元である，講義担当者の大学アカウント E メール宛へ添付返信してください.

4.7 　講義担当者による再添削と再添削済 PDF の再返却

講義担当者は，添削済の旧 PDF ファイル（群）と照合しながら第 2 回以降の提出ファイルを添削していきます. その後，4.3 の手順で添付返信します.

これ以降は，当初指定しましたレポート最終提出期限内において，可能な回数にわたり，4.4 から 4.7 の手順を繰り返してください. 添削済み PDF の消去・紛失は，レポート評価に大きく影響することがありますので，PC 本体内のみならず，USB メモリに都度バックアップ保存してください.

5 発表および視聴・批評

5.1 発表

発表にのぞむ受講生のみなさんには，指定した順番で登壇してもらい，PC を操作しながら発表（プレゼンテーション）してもらいます．時間的に限られますが，作成・使用方法を会得している場合には，プレゼンテーション・ソフトウェアを使用しても構いません．

発表時には，以下の留意事項の他に，初めに<u>原文を選んだ動機</u>と<u>レポート全体の概要</u>とについて述べてください．発表の最後にも，全体の概要を簡潔に繰り返して締めくくるようにしましょう．その模様は参考記録動画として簡易録画することもあります．

発表時の留意事項
話し方
・聞き手側の受講生のみなさんが，発表中のレポート内容を理解しやすいように，意味のまとまりを意識し，原稿をただ単に読むだけではなく，わかりやすく，はっきり，ゆっくり語り掛けるように話しましょう．
・大事な言葉，キーワード，特別な事柄，地名，人名，難解語，専門用語，数字，外国語は，その前後に適切なポーズをすこし置くなど，特に聞き手となる受講生のみなさんが聞きとりやすい話し方をするのがよいでしょう．

発表前に発表者各自の発声が聞きやすく話せているかを確認するために，スマートフォン・携帯電話などの IC レコーダー機能など

で録音・再生して，確認するのがよいでしょう．

姿勢
・寄りかかったりせず，まっすぐに立ちましょう．
・発表の際に，使用する PC を見下ろしたまま話すことがないように，視線を聞き手の側と PC とのいずれにも向けられるように，発表内容のおおかたをおぼえる準備をしておいてください．

その他の留意点
・PC などの機器操作を無難にこなすよう心掛けましょう．
・『ワード』などのワープロソフトで発表する場合は，「表示」タブ内の拡大(ズーム)機能で画面表示倍率を上げてみましょう．

5.2 視聴・批評

受講生のみなさん全員で，簡易録画した発表時の動画を視聴・批評します．

その方法として，例えば，各発表者のみなさんに感想などを述べてもらうことなどが考えられます．

6 各サイト用リンク

LMS 内に用意してあるファイルを参照しましょう．ハイパーリンクになっていれば，キーボードの［Ctrl］キー(コントロール・キー)を押しながら，マウスでクリックするだけで，ブラウザ・ソフトウェアが自動で当該サイトを表示してくれます．インターネット上にはたくさんありますが，ここでは以下に限定しておきます．

6.1 検索用エンジン ほか

Google http://www.google.co.jp/

Startpage https://www.startpage.com/ など

学内各サイト・リンク集 https://www.hokkai.ac.jp/gakusei/manabi/

6.2 WEB 上の英和辞典

英辞郎 on the WEB

http://www.alc.co.jp/

Weblio 辞書

https://ejje.weblio.jp/

kotobank

http://kotobank.jp/

Yahoo!Japan

http://dic.yahoo.co.jp/

6.3　翻訳サイト

検索サイトの翻訳ページ一例

http://www.excite.co.jp/world/english/

　サイトの構成が変わるなどの変更により，上記のリンクが切れている場合はご容赦願います．

6.4　その他のサイト

フリー・ソフト・ライブラリ

https://www.vector.co.jp/magazine/softnews/?tab

フリー・ソフト・ライブラリ

https://forest.watch.impress.co.jp/library/

フリー・アンチ・ウイルス・ソフト　一例

https://www.avast.co.jp/index#pc

度量衡換算　一例

http://hp.vector.co.jp/authors/VA018451/javascript/jdoryoko.htm

西暦和暦年齢一覧　一例

https://seireki.hikak.com/

書店　例

https://www.kinokuniya.co.jp/
https://honto.jp/store/detail_1570046_14HB320.html

国立国会図書館

https://www.ndl.go.jp/

洋劇映画スクリプト　一例

https://www.screenplay.jp/

7 参考

　自由課題レポートと直接関係ありませんが，講義で使用するブックレットの表紙記入方法の一例を説明しておきたいと思います．

　図 7-1 のように該当の欄に必要事項を記入していきましょう．

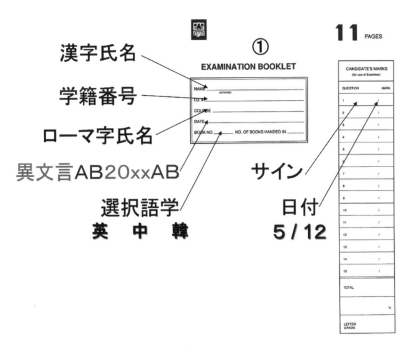

図 7-1　参考　『ブックレット』表紙記入例

　講義名，**異文化と言語**の欄は，前期セメスターは「異文言 A20xx」
とします．後期セメスターは二クラスに分かれますので「異文言
B20xxA」か，「異文言 B20xxB」として下さい．「＿＿＿xx＿＿＿」には
西暦の下二桁を入れます．

　サインと**日付**とは右側の列の１つ目の欄にのみ記入して下さい．サ
インは普段自分で使ういかなる表記でも構いません．日付は講義の初
日の授業日の日付としましょう．

著 者

原子 智樹

北海商科大学教授 専門：英語語形成論
北海道大学大学院文学研究科修士課程修了

英語再習法

2023 年 4 月 1 日 初版第 1 刷発行

著 者 原子 智樹

発行所 **株式会社 共同文化社**

〒 060-0033 札幌市中央区北 3 条東 5 丁目
TEL 011-251-8078 FAX 011-232-8228
E-mail info@kyodo-bunkasha.net
URL https://www.kyodo-bunkasha.net/

落丁・乱丁の場合は，上記宛てに御送付ください．
お問い合わせも上記へお願いいたします．

印 刷 株式会社 アイワード

文化科学の素顔
― ウィトゲンシュタインの宗教，逆転判決，
　　　　　　　アメーバ理論，新古典複合語，ゴルフ考 ―
　　　横田　榮一　教授　退職記念

ISBN978-4-87739-338-0　C3030
共同文化社　2020 年　定価：本体 1,350 円＋税　A5 判　160 頁

文化科学の次元
― シュンペーター，アメーバ，消費税免税事業者，
そしてウィトゲンシュタイン，米国市場復活，英語新古典複合 ―

菊地 均 教授
岩崎 一郎 教授　退職記念

ISBN978-4-87739-289-5　C3030
共同文化社　2016 年　定価：本体 1,800 円＋税　A5 判　236 頁

文化科学の世界
― 同族会社の株式取引，イノベーション，タイがある場合の
Wilcoxon 順位和検定，そして世界像，次世代自動車，英語新古典複合 ―
中島　茂幸　教授　退職記念

ISBN978-4-87739-269-7　C3030
共同文化社　2014 年　定価：本体 1,800 円＋税　A5 判　264 頁

文化科学の時代

― 言語ゲーム，新古典複合，プレミアムカー，そして
固定資産税，価値判断論争，Wilcoxon 順位和検定 ―

ISBN978-4-87739-245-1　C3030

共同文化社　2013 年　定価：本体 2,200 円＋税　A5 判　208 頁

文化科学の方法

―貸倒引当金，新古典複合語，資本主義，そして
アドルノ，グローカリゼーション，Wilcoxon 順位和検定―

ISBN978-4-87739-234-5　C3030

共同文化社　2012 年　　定価：本体 2,600 円＋税　　A5 判　　288 頁

文化科学の現在

―対応のある t 検定，新古典複合語，アーレント，
　　　　そして資本主義，コモディティ化，中小企業の会計―

ISBN978-4-87739-210-9　C3030
共同文化社　2011 年　定価：本体 2,800 円＋税　A5 判　256 頁

人文・社会科学の視座

―イノベーション・法人税制・自動車、

そして最尤解・語形成・言語理解―

ISBN978-4-87739-192-8　C3030
共同文化社　2010年　定価：本体1,429円＋税　A5判　256頁

グローバリゼーション・
新たなる不透明性・批判理論

北海商科大学教授　横田 榮一 著

新自由主義的グローバリゼーションにまとわりつく新たなる不透明
性の問題と、グローバリゼーションの批判理論。

ISBN978-4-87739-169-0　C3010
共同文化社　2009 年　定価：本体 3,000 円＋税　　A5 判（上製本）　256 頁

シュンペーター

北海商科大学教授 **菊地 均** 著

1930年代の大恐慌時代を生きた経済学者シュンペーターは、
「イノベーションこそ資本主義の原動力だ」と喝破した。

ISBN978-4-87739-178-2　C3133
共同文化社　2010年　定価：本体743円＋税　文庫判　268頁

次のページ以降の各葉はミシン目から切り離せます.

No_____ 氏名 _____

(P/L)

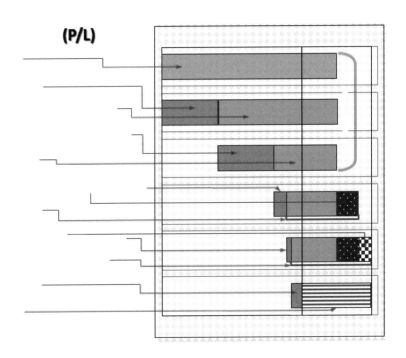

No_____   氏名 _____

借方   貸方

No_____ 氏名 _____

No_____   氏名 _____